Jóvenes, Enamorados y en Peligro

Una guía para adolescentes para librarse de una relación abusiva

Barrie Levy
and the Los Angeles Commission
on Assaults Against Women

Seal Press

Cover design by Joseph Kaftan
Text design by Alison Rogalsky

Library of Congress Cataloging-in-Publication Data

Levy, Barrie.
    [In love and in danger. Spanish]
    Jóvenes, enamorados y en peligro : una guía para adolescentes para librarse de una relación abusiva / Barrie Levy and the Los Angeles Commission on Assaults Against Women.
    Summary: Describes the experiences of teens who have had abusive dating relationships and gives advice on how to end the cycle of abuse and forge healthy and loving, violence-free relationships.
    ISBN 1-58005-027-1 (trade paper)
    1. Dating violence—United States—Juvenile literature.
    2. Dating violence—United States—Prevention—Juvenile literature.
    3. Teenage girls—Abuse of—United States—Juvenile literature.
    [1. Dating violence. 2. Spanish language materials.]
    I. Los Angeles Commission on Assaults Against Women.   II. Title.
    HQ801.83 .L4818 1999   306.73′0835—dc21   99-045631

Printed in the United States of America
First printing, February 2000

10   9   8   7   6   5   4   3   2   1

Distributed to the trade by Publishers Group West
In Canada: Publishers Group West, Toronto, Ontario
In the U.K. and Europe: Airlift Book Distributors, Middlesex, England
In Australia: Banyan Tree Book Distributors, Kent Town, South Australia

Reconocimiento

Gracias a las personas de todas las edades que se dedicaron a ayudar a los jóvenes a tener relaciones libres de violencia y que contribuyeron a que este libro fuera posible. Otra vez, he tenido el placer de trabajar con Faith Conlon en Seal Press. Linda Fischer y otros en el Proyecto PAVE en Denver animaron a los jóvenes a compartir sus experiencias como abusadores. Ruth Beaglehole en Business Industry School en Los Angeles implicó a sus estudiantes a revisar el manuscrito y aportó tiempo invaluable en las etapas cruciales al escribir este libro. El entusiasmo y dedicación de Linda y Ruth para los jóvenes son una inspiración.

Adaliz, Débora y Natalia pasaron varias horas narrando sus historias y reviviendo sus pesadillas para prevenir a otras muchachas(os) y padres para que no pasen por la clase de experiencias que ellas tuvieron.

Coralyn Mills de la Ciudad de Seattle de la oficina del Fiscal; Claudia Cuevas de la Universidad de el Estado de California en Northridge; Ken Greene y Cathy Chadwick, quienes trabajaron por años con los niños en las casas de refugio de mujeres golpeadas; y Denise Gamache, ahora con WHISPER y anteriormente con La Coalición para Mujeres Golpeadas, se entrevistaron con mujeres jóvenes cuyas palabras aparecen en estas páginas. Margaret Anderson, Salina Stone, Jan Jenson, Meybel Guzman, Elizabeth, Bonnie Zimmer y Felicia—quienes escribieron sus historias en *Relaciones violentas: Mujeres jóvenes en peligro*—contribuyó otra vez en educar a las mujeres y hombres jóvenes acerca de las realidades de una relación violenta. Ann G. contribuyó con su historia también.

Sheila Kuehl asesoró información legal y Ginny NiCarthy aportó el material para la sección sobre amor adictivo-las dos con sus contribuciones a *Relaciones violentas: jóvenes en peligro*.

Tengo un equipo maravilloso. Le estoy agradecida a mi hija, Johanna, por la revisión y sugerencias acerca del manuscrito y a Linda Garnets, por sus ideas, apoyo e inspiración.

También le doy las gracias a: La Comisión de Los Angeles Contra los Asaltos a las Mujeres (LACAAW) por la traducción cultural de este libro.

Es muy importante que esta información sea diseminada a todas las personas para que puedan tener conocimiento acerca de lo que es una relación de abuso; para poder ayudarse a sí mismas, ayudar a otras personas y al mismo tiempo ayudar a lograr el objetivo deseado: UN FUTURO LIBRE DE VIOLENCIA.

Agradecemos también, especialmente a las siguientes personas por su ayuda y dedicación en la traducción y modificación de este libro.

Vivian Marroquín
Imelda Talamantes
Ana Santamaría
Sandra Henríquez

Contenido

Jóvenes, Enamorados y en Peligro

Introducción

Este libro es para jóvenes que tienen preguntas acerca de una relación abusiva. ¿Estás en una relación con alguien a quien amas y que te está haciendo daño? ¿Estuviste en alguna relación abusiva en el pasado? ¿Tienes una amiga o miembro de la familia quien es un adolescente que está siendo golpeada? ¿Verbalmente abusada? ¿Sexualmente abusada? ¿Tratas tú abusivamente a alguien a quien amas?

Si la respuesta es sí, tú no estás sola. Hay muchas otras muchachas o muchachos jóvenes que tienen el mismo problema o uno parecido. Hay personas que te pueden ayudar con tu problema así que no debes de sentirte sola.

Este libro te ayudará a entender qué es lo que está pasando contigo y si lo que está pasando en tu relación es "abuso." Este libro te ayudará a decidir que es lo que tú puedes hacer acerca de esto.

Este libro es para que los jóvenes lo compartan con amigos, padres, profesores, consejeros y otros miembros de la familia.

En la primera sección, podrás leer las historias narradas por dos muchachas y una madre acerca de sus experiencias con relaciones violentas. Las siguientes secciones te darán información general acerca de las relaciones violentas. Estas terminan con un resumen de la información en esa sección y una página de "Ejercicios" donde podrás escribir tus pensamientos y sentimientos.

Espero, que éste libro te anime y te dé fuerzas a enfrentar las dificultades y los problemas difíciles de los jóvenes.

1 / Hablando claro

Débora: "Fue amor a primera vista"

Fue amor a primera vista. Conocí a Raúl en mi primer trabajo y era muy amigable. Cuando empezó a fijarse en mí, me sentí muy contenta. Yo tenía quince años y él diecisiete. Era mayor que yo y ya tenía un carro. Era totalmente romántico. Me llevaba a cenar a lugares muy bonitos, nos arreglábamos bien y salíamos a pasear a lugares hermosos, me llevaba flores y me escribía poemas y cartas de amor. Todo esto era increíblemente maravilloso.

El fue mi primer novio. Tener novio era magnífico. Ahora que tenía novio, mis amigas me respetaban más y todas pensaban que él era un buen muchacho. Mi familia lo quería mucho. Era un muchacho de religión católica, amable y de una buena familia. A veces él podía ser muy "valiente." Me sentía contenta e impresionada cada vez que se molestaba cuando otros chavos me volteaban a mirar.

Era maravilloso tener un novio que siempre quería estar conmigo. Yo me sentía bien con él, me sentía cómoda y querida y teníamos algunas cosas en común. Me ayudaba con mi tarea. Solamente queríamos estar en casa y estar juntos. Esos fueron buenos tiempos. Yo creí que nunca podría estar con otro ser humano y sentirme tan bien como me sentía con Raúl. En ese momento nadie era más importante en mi vida que él.

Todo lo que le sucedía a las otras muchachas de mi edad no me pasaba a mí, por ejemplo, tener que esperar que un muchacho le llamara por teléfono y nunca le llame. Raúl estaba lleno de pasión. El siempre deseaba estar todo el tiempo conmigo. Después de salir juntos la primera vez bueno, él automáticamente pensó que ya éramos novios, "¿Cuándo nos volveremos a ver, mañana . . . ?"

Pero pronto, otras cosas empezaron a pasar. Si nosotros salíamos a cenar con mi familia, tan pronto como nos encontrábamos en un lugar donde ellos no pudieran escucharnos, nos peleábamos porque hablaba mal de ellos y los criticaba. El decía, "Tu papá es un estúpido porque dijo esto o lo otro." Pensé que sería más fácil evitar que mi familia y él estuvieran juntos, para que no los criticara o encontrara fallas en ellos.

Después comenzó a decir estupideces de mis amigas y amigos. Nunca dijo "Tú no puedes ver a tus amigos." Pero sí se burlaba y decía groserías hasta que terminábamos peleando. Ésto sucedía tan frecuentemente que era obvio que prefería que nos juntáramos con sus amigos mejor que con los míos.

El era tan celoso que llegó a tratarme como si yo fuera su propiedad. Al principio no era tan notable. Después él comenzó a burlarse de los muchachos que habían sido mis amigos antes de conocerlo. Después me aclaró que esto era una "regla." Yo no podía hablar con muchachos y mucho menos mantener una amistad con ellos. Si él veía que yo estaba hablando con un muchacho, me preguntaba sospechosamente, "¿Por qué le estás hablando a ese muchacho? ¿Qué le dijiste?" y después me decía, "Sabes que yo te amo y soy lo único que necesitas." Cuando salíamos, si un muchacho me sonreía, él me decía, "¡Ese hijo de puta! Te quiere coger," y después me culpaba a mí por provocar la situación; estaba completamente trastornado. Todo lo relacionaba con el sexo.

Un día me convenció de que mi mejor amiga andaba detrás de él. Siempre me lo mencionaba. Cuando salíamos, continuamente decía que las muchachas se le quedaban mirando o que una de mis amigas andaba detrás de él. Después me convenció de que deberíamos ir a la casa de mi amiga y reclamarle. Cuando estábamos allí él se burló de ella y le gritó. Siempre me he arrepentido de haber hecho eso.

Si algo sucedía que le enojara, me gritaba y me hablaba fuertemente delante de sus amigos o de su familia. Cuando cumplí diecisiete años fuimos a Las Vegas con mi familia. Un día él quería ponerse una camisa mía y yo le dije que no porque me la iba a hacer grande. Delante de mi familia me gritó que yo era una persona egoísta y que no valía la pena; me atacó verbalmente- ¡y sólo por una camisa! Después de este incidente me trajo flores a la casa y me dijo que se había enojado conmigo porque me amaba. Mis padres estaban decepcionados. Después de ese incidente, no querían que yo saliera más con Raúl.

Un año y medio después de conocer a Raúl, me enfermé. Me diagnosticaron la enfermedad de Hodgkin. Ese año fue muy difícil para mi. Raúl estaba allí conmigo, era mi único amigo. Después de los tratamientos para el cáncer, me sentí mejor. Él me dijo que yo merecía todo ésto porque no era una persona positiva, era débil e inferior. Pero lo único que pensaba era que él siempre había estado conmigo, durante ese año tan terrible. Siempre me acordaba de cuanto me quería, así que cuando las cosas se ponían mal entre nosotros, siempre recordaba los momentos bonitos, y eso me hacía sentir que nunca podría vivir sin él, mi único amigo.

Hasta entonces no me había golpeado pero yo siempre pensaba que lo haría si le hacía enojar. Las cosas que hacía me confundían, eran juegos mentales. A veces pensaba que sería mejor que me golpeara. Pensaba, "Si me dejara el ojo negro, yo sabría que algo estaba mal," pero estaba tan confundida que no sabía que hacer. Me registraba mi cartera tratando de encontrar algo para acusarme de tener una relación con otro hombre o de estar haciendo algo malo. Si yo daba mi opinión acerca de algo o si no estaba de acuerdo con su manera de pensar, él se burlaba de mi y me avergonzaba en público. Cualquier cosa que yo hiciera le enojaba y yo me sentía como si caminara en una cuerda floja. Por eso nunca hablaba de cosas importantes con él ni con otras personas.

Siempre me decía que me veía como una vieja gorda y fea. A mí me gustaba mi pelo largo y él me obligaba a tenerlo corto. Siempre controlaba lo que yo comía y además me puso en un programa de ejercicios para que adelgazara. Para él todo lo que yo hacía estaba mal. Por más que me esforzara, siempre me criticaba, que estaba muy gorda o estaba muy débil, por ejemplo, cuando hacía cuarenta y siete sentadillas y no alcanzaba a hacer cincuenta, me obligaba a comenzar de nuevo y me decía que era muy débil.

Cada vez después de enojarse conmigo, me compraba regalos y me decía "Te amo" y yo pensaba, "De verdad me ama, debo de estar loca si pienso que no me ama" pues el nunca me ha golpeado ni creo que lo hiciera.

Cuando se compró un carro nuevo, recuerdo que accidentalmente se me cayó mi polvera y se ensució el carro, se enojó tanto que inmediatamente abrió la puerta del carro e intentó sacarme a empujones en la carretera. En una ocasión, me prestó el carro cuando el mío estaba en el taller. Con cuidado lo estacioné en la entrada de la casa de mi amiga para que no sucediera nada, mientras estaba allí el vecino encendió las llaves automáticas del agua para regar y el carro se mojó. Yo tenía tanto miedo que estaba temblando, cuando le entregué el carro tenía manchas de agua. "¡Idiota! Eres una tonta." Me empezó a gritar y a escupir en la cara; yo sentía que no iba a parar.

La familia de él estaba allí observando, y no dijieron ni hicieron nada al respecto. Yo veía pura obscuridad como si me estuviese desmayando.

Después de decirme groserías y de insultarme diciéndome idiota o pinche puta, luego él quería hacer el amor. Siempre decía, "Sí tú no hubieras dicho eso o no te hubieras portado de esa manera, yo no me enojaría contigo." Siempre decía que se enojaba conmigo porque me amaba. Decía que me debería de sentir dichosa de tenerlo a él porque ningún otro hombre me aceptaría o me miraría.

Yo ya no podía tomar decisiones por mi misma, aunque fueran fáciles, por ejemplo, yo no sabía si quería sopa o ensalada, lo miraba a él y le preguntaba, ¿qué quiero yo? Si yo quería lo que él escogía, todo estaba bien. Me sentía cómoda si él tomaba todas las decisiones por mí. Solo así me sentía segura. Solo me sentía cómoda con la familia de él, con sus amigos y siempre haciendo lo que él quería hacer. Me sentía inquieta e incómoda cuando estaba con mi familia o mis amigos. Siempre lo miraba y le preguntaba si me veía bien, tenía miedo de enojarle. Nunca estaba segura si las cosas que hacía estaban bien o si estaba haciendo algo que a él le molestara.

Todavía me siento avergonzada de hablar sobre el sexo. Tenía relaciones con él aunque no quería. El me decía la forma en que otras mujeres tenían relaciones y lo que les gustaba a ellas. De vez en cuando me insinuaba que incluyéramos a otra mujer en nuestras relaciones sexuales, pero yo trataba de evitarlo. El siempre quería tener relaciones sexuales y me decía que algo andaba mal conmigo porque yo no quería hacerlo todo el tiempo.

La primera vez que tuvimos relaciones sexuales fue hermoso, fue la noche de nuestra graduación y lo hicimos en la playa. Yo confiaba en él. Todo fue tan romántico. Esa noche se quedó grabada en mi mente. El sabía que hacer y yo no tenía ninguna experiencia. No me dolió, como las otras muchachas decían que pasaba la primera vez. Lo hizo de una manera tan delicada.

Siempre buscábamos algún lugar escondido para hacer el amor o para estar juntos. No podíamos estar separados. Eramos como dos personas en una, lo cual ya no siento ahora, pero en aquel entonces creí que así era. Me sentía bien conmigo misma porque tenía a un hombre maravilloso. Mis amigas pensaban que él era muy romántico. Me llevaba flores o globos a la escuela. No importaba cuanto nos enojábamos, ya que siempre había momentos maravillosos como estos. Me sentía protegida bajo sus alas, un lugar seguro a veces, pero después se convirtió en un lugar horroroso para mí.

Después de la primera vez que tuvimos relaciones sexuales, el sexo se convirtió en algo feo, y me dolía. El me forzaba a hacerlo en posiciones que eran dolorosas para mí. Me hizo hacer cosas que eran humillantes, como cuando me obligó a masturbarme enfrente de él. Empecé a odiar el sexo. Lo único que yo quería era sentir su cuerpo pegado al mío sin necesidad de tener relaciones sexuales. El me dijo que los hombres necesitan tener relaciones sexuales frecuentemente y llegar a la eyaculación y si no lo hacen lo suficiente, se ponen de mal humor. Me dijo que ésa era la razón por la cual a veces se enojaba conmigo. Después me sentí como una estúpida cuando supe que eso no era cierto.

Nunca le dije "no" cuando él quería tener relaciones sexuales, pero tampoco le decía que lo deseaba. Sentía que me moría. Mentalmente yo estaba en un lugar obscuro en el rincón del cuarto observando. Pensaba, "Toma mi cuerpo, haz lo que quieras; pero no podrás tenerme completamente." Ahora sé que yo estaba sobreviviendo, pero en ese entonces pensé que me estaba volviendo loca . . . y él me dijo que estaba loca. Empecé a creer que algo estaba pasando conmigo. Ahora pienso que tal vez él me violó.

Tenía miedo de decirle que no; yo no tenía voz propia.

Trate de quitarme la vida de varias maneras. Una vez cuando estaba manejando en un callejón, empecé a manejar a toda velocidad y me quité el cinturón de seguridad, dirijiéndome hacía la pared, me quería quitar la vida pero no pude, algo me detuvo.

Al fin me cansé porque él era muy dominante. Yo quería divertirme, tener libertad de la misma manera que mis amigas la tenían. Así que rompí con nuestra relación. Raúl continuó llamandome por teléfono, estaba obsesionado y me presionaba para que yo regresara con él. Yo no quería verlo. Mis padres querían que me fuera lejos de él, así que me mandaron a México por unos meses. La primera semana después de que rompimos nuestra relación fué doloroso, pero después se me hizo más y más fácil. Cuando regresé de México comencé a salir con otro muchacho. Salía con mis amigas, me sentía tranquila, feliz y siempre me divertía. No era el romance, ni los restaurantes finos a los cuales estaba acostumbrada. Llevaba una vida normal, hacía lo que todas las muchachas de mi edad hacían, como salir a patinar o reunirme con mis amigas. La gente me escuchaba cuando yo les hablaba. Fuí al colegio. Me sentía bien.

Pero luego el muchacho que era mi novio rompió conmigo. Se fue a un colegio diferente; no podía aguantar eso. Raúl seguía llamándome. Pensé: Bueno, de él estoy segura que no me dejará, siempre está allí por mí y además todavía me ama. En aquel tiempo mi cabello estaba largo y lo primero que él me dijo fue: "¡Dios mío, que gorda te has puesto!" Aunque era talla siete pensé, "Ay, Dios, es cierto, otra vez estoy gorda. Me veo como una mujer vieja." El hablaba acerca de sus escapadas sexuales. Yo pensaba, "Gracias Dios mío que lo tengo de nuevo a mi lado; cómo lo necesito."

Un año después, nos casamos. El abuso aumentó en

nuestra luna de miel. Después de nuestra boda ya no era romántico. De repente, quería que yo lo hiciera todo por él. Yo iba a la escuela y también trabajaba tiempo completo, además hacía todos los que haceres de la casa. Si yo decidía hacer algo para mí, me castigaba al llegar a la casa. El quería tener el control completo sobre mí, sobre nuestro dinero, nuestra casa, todo. Me obligó a dejar de estudiar. Me controlaba hasta en el trabajo, después comenzó a golpearme.

Nunca pensé que podría vivir sola o hacer algo sin Raúl. No tenía el valor de irme de la casa por mi misma. Cuando nos casamos, pensé que sería independiente ya que estaría dejando la casa de mis padres. ¡Qué equivocada estaba! ¡Fue peor! ¡Estaba *más* amarrada con Raúl que con mis padres!

Antes de que yo lo dejara, Raúl me empujaba, escupía, me levantaba hacia arriba y me estrujaba. Yo estaba totalmente intimidada por él. Yo rezaba para que se muriera, pensaba, "Nunca lo podré dejar." Quería morirme, pero pensaba, si él muere yo seré libre. Pero, con la ayuda de mi hermano, fui a ver a un terapista y gradualmente recuperé mis fuerzas de nuevo y al fin dejé a Raúl para siempre.

Ahora estoy casada con un hombre que es comprensivo, calmado; me siento a gusto y segura con él. Tenemos pasión y una linda amistad. No tenemos las peleas intensas como las que tenía con Raúl. Tomamos decisiones juntos y él me apoya para que haga cosas importantes para mí. Los dos somos el uno para el otro.

Hasta hace poco tiempo me dí cuenta que lo que me pasó con Raúl era abuso emocional. No sabía que era algo malo. Teníamos un lazo que no nos permitía romper la relación. Pero Raúl me lastimó emocionalmente. Ahora que de nuevo soy yo misma, sé que nunca más me volverán a lastimar de esa manera.

Adalíz Rodríguez: "Pensé que las cosas cambiarían"

Tenía doce años cuando conocí a Ricardo. Tenía muchas amigas, pero nunca antes había tenido un novio. Ricardo era muy popular. Era callado y querido por todos. Yo estaba locamente enamorada de él. (Ahora mirando hacia el pasado, me doy cuenta que simplemente fueron cosas de adolescente—y estaba emocionada porque era mi primer novio.) Mis padres no me permitían verlo porque yo era muy joven. Así que les dije que no lo vería más, pero no lo hice. Empezaba a esconderles cosas a mis padres.

Ricardo y yo empezamos a actuar seriamente, cómo si fueramos personas mayores. El empezaba a ser muy posesivo. Yo quería ser parte del equipo de porristas de la escuela, pero él me dijo que no, porque todas las muchachas del equipo eran unas putas. Me hizo sentir mal, así que mejor decidí no ser parte del equipo. Así fue como él empezó a tomar control de mí, diciéndome lo que tenía que hacer, desde entonces me sentí culpable y mal por todo lo que yo hacía.

Recuerdo la primera vez que él me golpeó. Nos encontramos en la esquina para ir a la escuela juntos. Llevaba una blusa ligera con un fondo debajo. El me dijo que se me miraba todo. Le dije si mi madre me dejó salir de la casa con esta blusa, no veo ningun problema. El se enojó tanto que me llamó "Puta." Me dió un puñetazo en la cara tan duro que me tiró al suelo. No me podía ir a la casa. ¿Qué iba a decirle a mi mamá? Bueno, llorando, me fuí a la escuela con Ricardo y al llegar me puse mi uniforme de educación física y me estuve con esa ropa todo el día. Nunca más volví a ponerme esa blusa porque le tenía miedo.

Desde ese día en adelante él me decía qué ropa debía ponerme y con quien hablar. Si hacía algo "equivocado" (es decir que lo pusiera celoso), yo lo arreglaba y hacía lo que él me decía que hiciera. No quería enojarlo. Hoy pienso, "¿Si yo lo hubiera dicho que no actuara así, habría él dejado de hacerlo?" Tal vez, muchas muchachas son como yo y hacen lo que yo hice. Ellas tienen miedo y no quieren perder a su chavo.

Nuestros problemas eran siempre por sus celos. Yo no salía con nadie, pero él siempre pensaba que yo estaba mirando a alguien o pensaba que mi ropa estaba muy ajustada al cuerpo o que yo caminaba muy sexy ¿Cómo podía él pensar esas cosas a la edad de trece años?

Lo que más me dolía era la forma en que me insultaba. Yo no estaba acostumbrada a que me hablaran de esa manera. Mis padres nunca permitieron esa clase de lenguaje en la casa. Lloraba mucho. Siempre caminaba mirando hacia el suelo. Me escapaba con frecuencia de la escuela, y aunque me aseguraba de aprobar las clases, estaba atrasada. Me estaba hundiendo lentamente; me sentía tan miserable. Le decía que me estaba lastimando verbalmente. Trataba de terminar con nuestra relación pero después él lloraba, me pedía disculpas y me rogaba que no lo dejara. Me decía: "Te prometo no golpearte más," y yo le creía. ¿Por qué? Porque no quería dejarlo solo, yo quería que él cambiara.

Cuando estudiaba el octavo grado, Ricardo estaba en otra escuela ya que él iba un año más adelantado que yo. El se escapaba de su escuela para encaminarme a la mía y también me recogía. El tenía que asegurarse que yo no estuviera haciendo nada malo, siempre averiguaba con sus amigos si yo le hablaba a alguien y cuando le daban la queja, nos peleabamos, me maltrataba y me hacía llorar. Me golpeaba, me empujaba, me daba puñetazos en el estómago y en la cabeza. Era inteligente: sabía como no dejarme marcas de golpes en lugares que se notarían.

Me contaba de los problemas que tenían sus padres, siempre se abalanzaba en contra de su papá para que dejara de golpear a su mamá. Me decía que nunca me golpearía en la forma que su papá golpeaba a su mamá. Pero después cuando me golpeaba, me decía que no lo hacía intencionalmente, siempre encontraba la forma de culparme a mí: "Si tú no hicieras esas cosas, yo no te golpearía." En otras palabras, yo no debería de hacerlo enojar o provocarlo para que me golpeara.

Después de un tiempo, mis padres se dieron cuenta que todavía era su novia. Mis amigas se lo contaron a sus mamás y ellas se lo dijeron a mi mamá. Mi hermana también le dijo a mi mamá. Mi madre siempre me hacía preguntas, pero yo siempre se lo negaba. Yo tenía una mejor relación con mi padre y él trataba de hablar conmigo. Mis padres empezaron a llevarme a la escuela. Hicieron todo lo posible para que yo dejara de verlo, pero entre más me lo impedían, más quería estar yo con él. Ahora me pregunto, ¿por qué permití que sucediera eso?

Cuando entré al noveno grado, fuí a la misma escuela que Ricardo. Mis padres buscaron otra escuela para mí. Las otras escuelas no me permitian cambiar. Estaba feliz— quería estar en la misma escuela que él estaba.

Mientras tanto nuestra relación continuó, y cuando empezamos a tener relaciones sexuales, la violencia iba de mal en peor. No le gustaba como me vestía ni lo que hacía. Su poder de controlarme lo hacía sentirse bien. Siempre me presionaba para que tuvieramos relaciones sexuales. Una vez en la escuela, quería que nos escaparamos solo para hacer el sexo. Quería que fueramos a su casa porque sus padres no estaban allí. Le dije que no, que no quería ir. Fue entonces que me jaló del pelo y me golpeó. Estábamos cerca del campo de la escuela, donde los estudiantes y el maestro estaban plantando en el jardín. El maestro llamó a la policía de la escuela. Lo arrestaron y se lo llevaron esposado. Yo quería regresar a la escuela, pero ellos me obligaron a ir a la estación de policía, y de allí llamaron a mis padres. Mi padre fue a la escuela y les dijo que levantaran cargos en contra de él. Mi papá convenció al director de la escuela que lo ayudara a que me aceptaran en una escuela cerca de donde él trabajaba. La escuela lo permitió por la situación, con la condición que tenía que ser una buena alumna.

Ahora mis padres sabían del abuso. Así que mi padre me llevaba a la escuela y me recogía todos los días. No podía ir a ningún lado. No me permitían hacer llamadas. Mis padres siempre contestaban el teléfono y no me dejaban hablar con Ricardo cuando él llamaba. Pensaba que mi padre era muy malo. Ahora comprendo que él solo quería lo mejor para mí y no quería verme sufrir ni que me lastimaran.

Lo único que quería yo era estar con Ricardo. Así que huí de la casa para estar con él, vivimos en la casa de sus tíos por un mes y medio. Pero sus celos, maltratos y golpes empeoraron. Pensé que estar con él me haría feliz, pero no fue así. Después de un incidente en el que él me acusó de estar "cogiendo" con su tío, ya no pude aguantarlo más y me regresé de nuevo con mis padres.

Pero continué viéndolo, aunque no quería vivir con él (yo tenía catorce años). Para este tiempo cuando regresé a casa, me di cuenta que estaba embarazada. Lo escondí por seis meses. Pensé que mis padres me correrían de la casa o algo por el estilo. Ellos eran muy religiosos, Testigos de Jehová. Nunca se habló del aborto ni de la adopción. Así que me quedé con el bebé. Pero de ninguna manera me permitían ver a Ricardo.

Ricardo me golpeó más durante el embarazo. Siempre intentaba pegarme en el estómago y en la parte de atrás de mi cabeza. Era porque él pensaba que yo estaba mirando a otro hombre o que otro hombre me miraba a mí. Dos semanas antes de que mi hija naciera, me fuí con mi hermana a ver a su novio. Ricardo estaba allí. Al verme quiso tener relaciones sexuales conmigo. Le dije que no porque no me sentía bien, y además había mucha gente. Se enojó, me empujó, y me caí de espaldas. Tenía tanto dolor que grité. Mi hermana estaba muy enojada. Ricardo dijo que lo sentía, que estaba bajo mucha tensión porque no me había podido ver.

El siguiente día tuve el bebé. El vino a verme ese día y mientras él estaba en el cuarto el doctor entró a revisarme. Ricardo se enojó y me gritó, "¿Te tiene que tocar?" Yo le dije, "¡Ricardo, es doctor!"

La segunda vez que me embaracé, también tuve a mi bebé antes de tiempo porque el me golpeó. Nos casamos durante el embarazo de mi segunda hija, yo apenas tenía dieciséis años. Nosotros vivíamos con mis padres. Yo continué estudiando en la escuela secundaria-estaba en el grado once. Quería graduarme con mis compañeras de clase.

Ricardo fue al colegio a estudiar computación y trabajaba de noche. Casi no nos veiamos, pero cuando lo hacíamos era sólo para pelear. Vivir con mis padres significaba estar siempre bajo presión. Muchas veces me fui de la casa porque estaba harta de que él me estuviera golpeando.

Cuando yo estaba cerca de su mamá, ella siempre se enojaba conmigo: Yo no debería de provocar a su hijo para que me golpeara. Todo era culpa mía. Ella no quería a mis padres. La mamá de Ricardo siempre le decía a mi mamá, "Por qué estás cuidando a tu hija, si ella ya no es virgen." Ella le decía a mi mamá que yo era una cualquiera. Mi madre tenía más educación y clase para contestarle lo que ella le decía. Mi padre solía sentarse y hablar con Ricardo, abría la Biblia, y decía, esta es la forma que debes tratar a tu esposa. Algunas veces yo deseaba que mi padre golpeara a Ricardo y que le dijera que parara de golpearme. Hoy me alegro que mi padre no haya sido esa clase de hombre.

Pensaba que al casarnos las cosas iban a cambiar, y que él me dejaría de golpear. Me puse a pensar, "¿Dios, por qué no para de golpearme? Me puede ver todo el tiempo. Todo lo que yo hago, él lo puede ver. Debería de confiar en mí." Pero las cosas empeoraron. Ya era de él; él pensó que yo era su propiedad. En el transcurso de los siguientes cuatro años, la violencia aumentó.

Cuando estábamos en la iglesia, me pellizcaba y me llamaba "¡Puta!" cuando habían hombres a mi alrededor. Me pegaba cuando él pensaba que otros hombres me estaban mirando. Me golpeaba en el cuerpo, por ejemplo, constantemente me pellizcaba y me daba puñetazos en mis pechos, me pateaba entre mis piernas. Me bajaba de los escalones arrastrándome del pelo, me golpeaba las manos contra la puerta. El me pateaba con sus botas de acero después de tirarme al suelo.

En varias ocasiones cuando él me golpeaba, yo llamaba a la policía. Mis padres ya sabían de los golpes porque escuchaban los puñetazos. Yo lo negaba y les decía que me había caído. Mis hijas lloraban cuando miraban que él me golpeaba. Algunas veces ellas lloraban aunque alguien estuviera jugando o mi hermana me hiciera cosquillas.

Lo intenté todo. Tiré la ropa que a él no le gustaba. Yo nunca pensé en tener una aventura. Era una buena esposa. El nunca tenía que pedirme que le lavara su ropa, que le cuidara las niñas o que cocinara. Todas las cosas estaban siempre hechas. Yo tenía mucho cuidado para no darle ningún motivo para que se enojara y me golpeara.

Hace dos años, después de nacer nuestro hijo, las cosas empeoraron. Ricardo me dió un puñetazo en la cara y me quebró la nariz—en ese momento algo despertó dentro de mí. Ya no me importaba nada. No planeaba dejar de quererlo . . . pero algo me hizo despertar y me dije, "Ya no pasaré por esto nunca más y eso es todo." Me dí cuenta que este muchacho no se iba a detener ante nada. Así que lo dejé.

El no aceptaba el hecho que de que yo lo dejara por la violencia en la cual estábamos viviendo. El estaba seguro que yo lo dejaba por otro hombre. Ricardo seguía pidiéndome que regresara. El decía que había cambiado. El me había prometido muchas veces que nunca me volvería a golpear; yo no le creía. Ahora, me da miedo la idea de pensar en estar con otro hombre. Me tomó mucho valor el decidirme a dejarlo. Desde que nos separamos, estoy tratando de entender por qué él me hizo eso a mí. Ya tengo veintiún años y tengo muchas cosas que quiero hacer con mi vida. Ahora soy fuerte y quiero hablar con otras muchachas como yo, para que no se queden con un novio que las abuse como Ricardo abusó de mí.

Postdata: Una excusa para estallar

Ricardo fue entrevistado para una historia de relaciones de jóvenes y violencia que apareció en el periodico de *Los Angeles Times* el trece de octubre, 1991. La siguiente información fue extraída de la historia.

"Estábamos en la escuela," dice Ricardo, un chico joven. "No sé lo que fue, pero yo la empujé y le pegué muy fuerte. Los [oficiales de policía de la escuela] nos vieron y fue ahí donde reaccioné. ¿Qué estoy haciendo? Me arrestaron, me lo merecía, y me tiraron contra la mesa. Tenía miedo de mí mismo y de la forma en que yo estaba creciendo; tenía solo trece años."

Pero el incidente no terminó con la violencia. No se presentaron cargos debido a su edad, a pesar que los padres no estaban de acuerdo, la pareja permaneció junta y Ricardo continúo abusando de Adaliz.

"Ella era la única persona que estaba conmigo," dice Ricardo. "Y cuando a uno le importa alguien de esa manera, se desquita uno con ella. Yo no podía hacer eso con mis padres. Ellos me hubieran golpeado. Así que usaba cualquier excusa para explotar—"¿Por qué llevas puesto eso?" o "¿Qué estás haciendo?"

Ricardo tenía un patrón de conducta violenta. Llegó a ser controlador, dominante y celoso de cualquier cosa que su novia hiciera que de alguna manera lo amenazaba a él o a su dependencia sobre ella.

"Llegué al punto de prohibirle que se pusiera ésto o lo otro," dice él, "no me gustaba que usara ropa blanca porque se podía ver a través de la ropa. La llamaba puta . . . no sé lo que era. Quizás yo era muy inseguro porque ella era una chica muy atractiva."

Ricardo dice que cuando tenía siete años, salió de su cuarto, aunque estaba aterrorizado, y empujó a su padre quien estaba golpeando a su mamá.

Sin embargo, cuando Adaliz aparecía en la casa de Ricardo con moretes, la mamá de él le preguntaba, "¿Qué hiciste para provocarlo?"

Hace un año y medio, después de que él le quebró la nariz, ella lo dejó. Ricardo alega que los episodios finales lo han cambiado. "Fue entonces cuando reaccioné," dice él. "Nunca había hecho tanto daño."

Ahora Ricardo dice que quiere regresar de nuevo con ella y jura que nunca más la volverá a golpear.

Natalia: "Nunca creí que esto me sucedería a mí"

Mi mamá y yo no nos llevábamos bien, así que ella me mandó a vivir con mi papá a la casa de mi abuela. Mi padre se la pasaba tomando y yo sentía que mi madre no me quería. Unos jóvenes vivían en los apartamentos de al lado y así fue cómo conocí a Víctor. Yo tenía diecisiete años y el veinte. Los amigos de él usaban drogas, pero Víctor decía que a él no le gustaba eso. Al principio él me gustaba mucho. Me parecía un chico tan amable. Duramos juntos un año y medio. Cuando lo conocí yo realmente estaba muy necesitada, porque entonces no me llevaba bien con mi mamá.

Había momentos cuando estábamos solos en que podía ver al "verdadero" Víctor, riendose, haciendo payasadas, como un niño chiquito. Pero cuando él se daba cuenta que estaba actuando así, se asustaba, pensaba que me perdería y de repente cambiaba y se enojaba. El tenía los traumas de un niño abandonado. Su papá le había pegado a su mamá. Su verdadera mamá lo abandonó cuando él tenía seis años e inmediatamente su madrastra vino a vivir con ellos. Aunque él tenía una mamá en su casa, nunca pudo olvidar la ausencia de su verdadera mamá. Si nosotros teníamos una discusión o si yo estaba molesta y le decía que no quería estar con él, él lloraba y me decía, "Eres igual que mi madre." Eso me hacía sentir muy mal y me quedaba.

Víctor no trabajaba; la mayor parte del tiempo se la pasaba vagando. Nunca tenía dinero, así que no salíamos mucho ni íbamos a ningun lugar. El no tenía carro. Yo era la que manejaba y pagaba por todo. Yo iba a la escuela y trabajaba después de clases. Después de que terminé la secundaria yo tenía dos trabajos. A mis abuelos no les gustó Víctor desde el principio porque él no trabajaba. Mis abuelos trabajaron desde que eran niños. Mi abuelita me decía, "Yo soy inteligente, y a mi Víctor no me da buena impresión."

Al principio de nuestra relación, me quedé embarazada. Ví cómo él me estaba controlando, y pensé, "Si tengo este niño, voy a tener a Víctor en mi vida para siempre." Yo no creo en el aborto, pero sabía que tenía que hacerlo, inmediatamente después de eso él empezó a golpearme, porque yo tomé mi propia decisión sin preguntárselo. El usaba eso cómo una razón para pegarme. Después de eso, yo empecé a tomar más decisiones por mi misma, cómo lo había hecho antes de conocer a Víctor. Después él trató de controlarme más. Me decía cómo vestirme y me prohibía escuchar mi música favorita, el Rock.

Era muy celoso. Cuando íbamos a las tiendas y los muchachos me miraban , se encelaba tanto que me gritaba, "¡Los voy a golpear!" Yo le decía, "Tú también te quedas viendo a otras chicas, entonces porqué esto es diferente? No deberías preocuparte de que me pudiera ir con alguien más, si solo estoy contigo." Le decía, "No puedes gritarme o pegarme para hacer que me quede contigo. Eso me hace odiarte. Eso me hace alejarme de ti."

Yo siempre llegaba tarde al trabajo porque él no me dejaba ir. Venía a mi trabajo todo el tiempo y me molestaba. Me veía platicando con los muchachos en el trabajo. Yo tenía que hablar con ellos, era parte de mi trabajo. El me preguntaba, "¿Por qué estás trabajando con ese muchacho?" o "¿Quien es ése?" y me acusaba de que me gustara alguno de ellos. Yo le decía que no podía venir tanto a mi trabajo. Mi manager me dijo que le dijera que me dejara en paz, o él tendría que hablarle directamente. Yo tenía mucho miedo de que me fueran a correr de mi trabajo y antes de que eso sucediera, renuncié.

Yo pagaba por su ropa, sus zapatos y todas las cosas que él quería. Empecé a sentirme frustrada. Tenía que pagar por la aseguranza de mi carro y darle a mi mamá dinero para la renta de la casa. Muchas veces buscaba dinero que había guardado en mi cartera para dárselo a ella, y ya no estaba. Mi familia pensaba que yo era una mentirosa, me decían que yo nunca tenía el dinero a tiempo y luego me gritaban. Un día me di cuenta que él era la única persona que había estado en el cuarto donde estaba mi cartera y que él era la única persona que podía haber tomado mi dinero. El lo negó. Pero yo seguía insistiéndole y al fin admitió que él había tomado mi dinero. Eso me enojó mucho; me sentí estúpida. Todo ese tiempo él había estado robándome mi dinero. En dos ocasiones el le robó dinero a mi madre. Una vez se robó 600 dólares que ella tenía para dar el pago de la hipoteca de la casa. Ahora sé que eso es una forma de abuso: abuso financiero.

El usaba mi beeper y cuando menos lo pensé, el beeper ya no era mío sino de él. Las muchachas le dejaban mensajes, pero el siempre me mentía acerca de ellos. Mi padre piensa que él era muy astuto, un jugador y que tenía otras muchachas. El me ha mentido. No sé. El insistía en que no dormía con nadie más. Pero tengo miedo; algunas veces no usamos protección (condones) al tener relaciones sexuales. No me he ido a hacer exámenes de enfermedades venéreas . . . no puedo afrontar eso.

El quería tener sexo todo el tiempo. Hubo dos veces en que él me violó. Una vez había mucha gente en la casa, amigos de mi hermano. Me fui a dormir al cuarto de huéspedes. Pero cuando me desperté al día siguiente en la mañana, estaba desnuda y el estaba a mi lado. Me sentí drogada y terriblemente mal. Le pregunté qué había pasado. El se había robado la llave de mi casa para entrar. Yo estaba tomando jugo antes de irme a dormir. ¿Me habrá dado alguna droga? No lo sé, pero él tuvo relaciones sexuales conmigo sin mi permiso. En otra ocasión, yo le dije que no quería tener relaciones sexuales, pero él de todas maneras lo hizo.

El hizo que yo cambiara. Me convertí en una muchacha amargada y mala. Me vestía bien. Yo me vestía cómo el quería, pero no era yo. No era feliz. Soy una persona fuerte, nunca pensé que esto me pudiera pasar a mí.

El me pegó unas siete u ocho veces; dos de ellas fueron las peores—intentó ahorcarme. La última vez me pateó en el estómago y en la espalda. Me aventó contra un espejo; se quebró y los vidrios cortaron mi espalda y mi cara. Estaba sangrando y tenía miedo. Entonces de repente me dió mucho coraje y le grité. El me dijo que me callara la boca y luego me volvió a pegar y me aventó hasta el otro lado del cuarto. Yo no se lo dije a nadie. El mismo quitó el espejo.

Yo nunca pensé que fuera culpa mía. Todo el tiempo sabía que era culpa de él. Solamente tenía miedo de que si yo decía algo, él le pegaría a mi hermana, como casi lo hizo una vez conmigo. El me amenazaba con hacerle daño a mi familia. No sabía de lo que él sería capaz de hacer. Una vez sacó un cuchillo y me lo puso en el cuerpo, y me dijo, "Te voy a matar, así no podrás ser de nadie y después me mataré yo mismo." Pensé que podría manejar esta situación. No le dije nada a nadie porque tenía vergüenza. Pensé que mi mamá se enojaría conmigo. Pero cuando se lo dije ella lloró; me ayudó mucho dándome todo su apoyo. Yo no le dije a mi papá porque pensé que él se pondría furioso con Víctor y esto me asustó.

Lo que más me lastimó, es el efecto que todo esto causó en mis hermanos y hermanas. Ellos tuvieron un gran impacto en mí. Estoy muy apegada a mi hermano. El sabía, y también mi hermana. Una vez ella vio mis golpes. Mi hermano, quien tiene quince anos, me dijo, "Yo soy más joven que tú. Te quiero mucho. Yo sé que eres fuerte, pero algo está mal. Cualquier cosa que sea que nos estés escondiendo quiero que se lo digas a mamá. Las notas de mis calificaciones han estado bajando porque estoy preocupado por ti. Es mi deber cuidar de ti como tu hermano que soy." El lloró y me rogó, "¡Por favor dile a mamá!" Las notas de mi hermana bajaron también. También mi hermanita de seis años me dijo lo mismo. Ella dijo, "Te quiero. Víctor no es agradable. Dile eso a mamá."

El era muy mal educado con mi madre, como cuando él comía en mi casa, decía, "No me gusta esta comida." Venía a la casa a verme y no la saludaba. Yo discutía con mi madre por su culpa. Yo lloraba. El decia, "Tu mamá está tratando de arruinarnos, trata de separarnos." Víctor siempre estaba criticando las tradiciones de mi familia. El no podía entender ni a mi familia ni a mí. Nosotros somos una familia muy unida. Siempre hacemos todo juntos. Si mi mamá, mi hermano y yo vamos al parque, llamamos a mis tías, mis abuelos y primos y les decimos, "Nos encontramos en el parque." Luego todos nos íbamos, llevabamos comida, hacíamos café, pan y queso. Víctor nunca entendió eso. La cercanía de mi familia es más fuerte que la de mis amigos. El trató de separarme de mi familia. Yo no podía aguantar eso. El me preguntó, "Por qué tu familia es tan unida?" Algo malo, había con lo que él decía. Su familia no estaba del todo unida. Cada quien hacía sus cosas por separado, no las hacían juntos. Yo nunca conocí a su familia, aunque él pasaba mucho tiempo con la mía. Yo estaba perdiendo el respeto de mi abuelo. Esto era horrible para mí; estoy muy unida a él. Víctor me decía que le dijera a mi abuelo que se ocupara de sus propios asuntos y yo le decía que eso estaba mal. Tenemos que respetar a nuestros mayores y yo tengo que ayudar a mi abuelo y hacer lo que él me dice.

Hace un par de meses, estábamos afuera de mi casa y le dije a Víctor, "Tengo que llevar a comer a mi mamá, es su cumpleaños." No me dejó ir. Entró en la casa, se bañó y comió sin mi permiso. Yo estaba enojada, y le dije que ya todo estaba terminado. El me aventó una taza, vi que se quebró. Empecé a mirarme a mí misma: hecha pedazos, insultada. Así es como había estado. ¡Estaba muy enojada! Pensé, "Se lo voy a decir a mi mamá. El está arruinando todo." Eso era todo, estaba terminado. Se lo dije a mi mamá. Aunque era su cumpleaños, ella estaba contenta de que yo hablara con ella. No he visto a Víctor desde entonces.

Para empezar tengo buenos amigos, pero no he visto a mi mejor amiga por más de un año, mientras yo andaba con Víctor. Nos vamos a encontrar la semana próxima y espero poder estar unidas otra vez. Ella no podía creer eso, yo no le dije nada de lo que había pasado. Ella me dijo que yo podría acudir a ella para cualquier cosa.

Ahora me doy cuenta que yo realmente no lo amaba. Me preocupaba por él, y quería ayudarlo. Yo decía que lo amaba pero ésa era mi excusa para justificar el mal trato que me daba. Realmente yo quería ayudarlo. Para mí fue más fácil decírselo a mi mamá cuando me di cuenta de eso. Estaba avergonzada de amar a alguien que era malo conmigo. Ahora estoy viendo a otro muchacho, es latino como yo. El es agradable conmigo, muy respetuoso y siempre platica con mi mamá cuando viene a casa. Nosotros salimos juntos y me trae a casa a la hora que se supone debo de estar allí. El es amable conmigo. Es difícil para mí aceptar la forma en que él me trata, tengo miedo de que esté manipulándome. Finalmente le dije que me sentía a disgusto por lo que me sucedió con Víctor. El estaba contento de que yo se lo dijera y me entendió. Quiere que yo me de cuenta que él no es como Víctor, así que ya no le tengo miedo.

2
Hechos acerca de la violencia en las relaciones

Ahora que ya has leído las historias narradas por Adaliz, Débora y Natalia al principio de este libro, a lo mejor estes experimentando toda clase de sentimientos. ¿Te viste a ti misma o a tus amigos o a alguien a quien quieres en estas historias? ¿Te diste cuenta qué duro y doloroso es ser insultada y golpeada o sexualmente atormentada por alguien que supuestamente tiene que cuidarte? ¿Te das cuenta que el amor y el romance pueden convertirse en una prisión? Es doloroso y difícil ver que todo esto esté pasando.

Es de mucha valentía haber escogido este libro. Posiblemente sea difícil para ti leerlo. Probablemente te veas a ti misma reflejada en las muchachas que narraron sus historias acerca de sus experiencias. Quizás sea muy doloroso saber que todo esto sea cierto y que realmente te esté pasando a ti o a alguien a quien quieres.

Leer este libro es un paso muy importante que has dado. Tal vez sea el comienzo para ti—de cambiar tu vida y tus sentimientos acerca de ti misma. Posiblemente éste sea el principio para hablar con alguien que a ti te interese.

Ten en cuenta que nos referimos al abusador como "él" y la víctima como "ella" porque es lo más común, pero también algunas veces las abusadoras pueden ser muchachas jóvenes. Entonces a medida que leas este libro, ten en mente que las personas sobre las que has leído aquí están en íntima relación y donde el novio abusa de la novia, la novia abusa del novio, una muchacha de su novia o un muchacho de su novio.

"La primera vez que pasó, yo tenía catorce años y mi novio tenía dieciséis. El me vio cuando abracé a mi hermano en el pasillo de la escuela, y no sabía que era mi hermano, pues, apenas empezábamos a salir. El me sacó de la escuela y me llevó hacia la parte de atrás de una tienda y me empezó a golpear, después me dijo que si alguien preguntaba qué me había pasado, que dijera que me había peleado con alguien; pero que ni mencionara que él me había golpeado."—Anónimo, 17

Podrías estar pensando que eres la única persona que está pasando por esto, pero no es así. Muchos adolescentes tienen problemas con la violencia que sufren con sus novios o novias. En varias encuestas donde se les preguntó a los estudiantes de secundaria o colegio si ellos habían sido golpeados o sexualmente asaltados por alguien con quien estaba saliendo, y éstas demostraron que aproximadamente el 28% de los estudiantes experimentaron violencia en una relación de noviazgo. Esto es más de uno en cada cuatro estudiantes. Además, algunos estudios demostraron que el 67% de las mujeres jóvenes que reportaron una violación fueron violadas en situaciones de noviazgo.

La violencia durante el noviazgo es *seria*. Cada relación amorosa donde hay violencia tiene la posibilidad de terminar en un asesinato. Un alarmante número de jóvenes son asesinadas por sus novios. De acuerdo con el FBI, 20% de las víctimas femeninas tienen entre quince y veinticuatro años de edad, y una de cada tres mujeres es asesinada en los Estados Unidos por su novio o esposo. Aunque el abusador no intente matar a su novia, un empujón fuerte o amenaza con cualquier arma puede "accidentalmente" matarla.

La violencia durante el noviazgo ocurre en cualquier lugar y a cualquier clase de persona. No hay cultura particular o comunidad en la cual ocurra más que en otra. Esto significa que pasa en las grandes ciudades, en las granjas y en los pueblos, con los ricos y los pobres, sucede en cada grupo étnico y en cada cultura. Les ocurre igualmente a las parejas heterosexuales como a las homosexuales, en los adolescentes que tienen niños, tanto como en aquellos que no los tienen.

Aunque es más común que esto pase con las parejas que viven juntas, también pasa con las que no. Es más común que las mujeres jóvenes sean las víctimas y el hombre la persona violenta. Aunque las muchachas también pueden ser violentas y hacer víctimas a sus parejas.

La mayoría de la violencia ocurre cuando la relación es seria y con compromiso. En varios estudios, se muestra que los jóvenes se tornaron más violentos cuando empezaron a ver que formaban parte de una pareja. Algunos abusadores se vuelven más violentos cuando presienten que su relación está llegando a su fin o después de que su novio o novia los haya abandonado.

¿Crees tú que la violencia es una parte normal del noviazgo? ¿Crees tú que golpear y dar celos a tu pareja son muestras de amor? Muchos adolescentes creen que así es, aunque ésta no sea la verdad.

3 / ¿Qué es un noviazgo violento?

"Desde los trece años Carlos y yo hemos estado juntos . . . El me estrujaba y me hacía cosas horribles. Me acuerdo que me hacía sentir como si nadie en este mundo me quisiera, pensaba que me iría mejor si me quedaba con él . . . ,pero a veces me asustaba. Cuando yo decía algo que a él no le gustara o cuando le molestaba lo que yo decía, me llevaba en el carro a un estacionamiento para golpearme. Yo siempre tenía miedo, temía decir algo incorrecto que lo enojara."—Consuelo, 19

En una relación violenta, la persona constantemente amenaza o trata de hacer daño físico, sexual o lastimar verbalmente a su novia. No solamente sucede una vez, esto sucede una y otra vez. No es lo mismo que enojarse o tener peleas. En una relación violenta una de las dos personas tiene miedo o es intimidada por la otra persona.

Ser "abusada" por la persona que uno ama significa ser maltratada. El mal trato puede ser emocional, físico, sexual o las tres cosas a la vez.

Abuso Emocional

Sandy de dieciocho años dijo:

"Era insultada, acusada y humillada por cosas injustas, era constantemente criticada y maltratada; todavía las tengo en mi mente dando vueltas. Me atacaba verbalmente

31

por cosas que tal vez el día anterior no eran problemas. Me culpaba por cosas de las cuales yo no tenía la culpa por lo general no sabía qué era lo que estaba haciendo mal."

Sandy sabía que estaba siendo lastimada. Después se dio cuenta que ésto tiene un nombre: abuso emocional.

El abuso emocional puede ser muy confunso para los jóvenes. Es difícil escuchar que tú eres alguien sin valor, y aún más difícil cuando la persona que expresa gran "amor" por ti lo dice. Una muchacha de catorce años que no quiso que dijeramos su nombre, dijo:

"Me puse a pensar, a lo mejor fue porque me pinté mucho la cara o la falda estaba muy corta, o a lo mejor sí soy 'una pinche puta estúpida.' Tal vez sí me veo como una prostituta, mejor no hubiera salido con mi amiga . . . Desde que lo amaba pensaba, 'no tiene por qué mentirme; él me ama.'"

Los celos y el ser posesivo son caracterísiticas del abuso emocional. Cuando el abusador es celoso y controlador, ambas características le dan al abusador el poder de controlar a la persona que ama. Por ejemplo, Salina de trece años describe cómo lo maravilloso del romance se convirtió en control:

"Siempre estábamos juntos. Al principio era maravilloso, pero después se convirtió en una obsesión. Cuando no estaba con él, estaba hablándole por teléfono. El empezó a ser más y más celoso. A tal punto que le tenía que hablar por teléfono cuando ya me iba a dormir para que supiera que yo estaba en casa por las noches. Solo me permitía hablar con dos personas en la escuela—ambas eran muchachas. El tenía amigos que me vigilaban para ver si yo era obediente."

Los celos y las sospechas del abusador lo llevan a intensas acusaciones e interrogaciones. Los celos llevan al abusador al hostigamiento verbal acerca de todo lo que haces o dices—en nombre del amor. Jill estaba convencida que David la amaba, dijo ella:

> *"El constantemente lo demostraba con sus celos extremos y su posesión sobre mí. Yo no podía hablar con otros muchachos . . . Estaba resentido por mis amigas y mi familia. Solía decir, 'Lo único que necesitamos es ser el uno para el otro.' Si él decidía salir con sus amigos no se molestaba en llamarme, yo estaba supuesta a quedarme en casa sentada y esperar a que me llamara. Si yo no estaba allí, me interrogaba una y otra vez acerca de dónde había estado, y hasta qué ropa me había puesto. El hostigamento no valió la pena. Empecé a aislarme más y más, a depender más de David, y a tener miedo de su temperamento si yo no hacía lo que él quería."*

Los celos y el temperamento del abusador pueden hacer que tengas mucho miedo y optes por tener cuidado de no hacerlo enojar. La novia de Jim de dieciséis años estaba aterrorizada de los celos de su novio. El nunca la golpeó. Sin embargo le gritaba, la maltrataba y la interrogaba por horas, acerca de lo que ella decía o hacía con cualquier persona. Después de ver a una consejera, Jim dijo, "Después de un tiempo, conseguí lo que quería: control completo sobre mi novia—poder."

Otra forma en la que los abusadores obtienen control sobre sus novias es por medio del abuso emocional al hacer sentirles que se vuelven locos o que duden de ellas mismas. Esto te puede suceder a ti al ser amenazada de que tus secretos o hasta tu vida personal sean revelados por él. Si estás en una relación lesbiana u homosexual, tu abusador te puede amenazar con decirle a toda la escuela que eres lesbiana u homosexual, puede que tú abusador diga una cosa y haga lo contrario. Además, puede decir o hacer algo y después negarlo diciendo que estás loca o que eres una estúpida.

Los abusadores obtienen control por medio del abuso emocional cuando mantienen a su novia aislada. Esto puede suceder a ti, si tu abusador te dice constantemente que tus amigas y miembros de tu familia no son buenas personas o si se enoja cuando ves tus amigos, o te dice que eres una traidora si hablas con otra persona acerca de él. En muchos casos, el abusador ve a tu familia, especialmente a tus padres, como "enemigos." Cuando esto sucede, a lo mejor al hablar con tus padres te sientas desleal con tu pareja.

Puede ser que te destruya tus cosas personales o que te las tire. Melanie de trece años repetidas veces amenazaba a su novio Brian para poder controlarlo. Ella lo atacaba verbalmente, le tiraba cosas cuando no le gustaba lo que él hacía. Por ejemplo, un día le quebró el radio a Bryan tirándolo contra la pared. Una vez explotó de cólera solo porque Brian fué con su hermana al cine y ella quería que él fuera a su casa.

El abuso emocional destruye tu independencia. Te hace sentir mal y comienzas a depender totalmente de tu abusador, sientes que nadie en este mundo te quiere. Felicia de dieciocho años dice:

> *"El me golpeó, pero sabes, fueron sus palabras las que más me hirieron. Sentía que no era una buena muchacha, me sentía como una basura, por las cosas que él solía decirme . . . que no podía tener otro novio más en mi vida, que yo era una puta o una ramera."*

Abuso Físico

El abuso físico incluye empujones, bofetadas,

patadas, golpes con el puño o atacar con cualquier arma u objeto.

Si tú has sido maltratada físicamente, es posible que alguien te golpeó hasta causarte una contusión, o te jaló el pelo. Eric, un chico de 16 años sujetó fuertemente del brazo a Cathy, su novia de la misma edad, y no la quería dejar ir. Más tarde Cathy tenía moretones por todo el brazo. Todd, el novio de Tanya de catorce años, tiró fuertemente del cabello a Tanya cuando la miró charlando con un compañero de clase.

El abuso físico no es un incidente que pasa solo una vez. Es un patrón en la relación y ocurre una y otra vez. Cada vez que eres golpeada va siendo peor que la anterior.

El abuso físico se usa para controlar y causar miedo.

Abuso Sexual

El abuso sexual es un maltrato de actos sexuales, donde se exige e insulta.

Puede ser que hayas sido forzada violentamente a tener relaciones sexuales. Una chica de catorce años narra lo siguiente:

> *"Estaba sobre el sofá llorando, él estaba allí insultándome horriblemente, masturbándose y eyaculando sobre mí. Algunas veces me amarraba . . . Nada me hacía sentirme bien. Yo odiaba eso, pero, no tenía opciones. Ni una vez fue el sexo agradable para mí."*

Probablemente a ti no se te obligó violentamente a tener relaciones sexuales, pero tal vez fuiste obligada o manipulada a tener relaciones sexuales. ¿Qué significa "coerción"? Ser coercionada significa tener miedo a decir no al sexo. Por ejemplo, tal vez tengas miedo a decir no, si temes rechazar o temes que te golpeen. Esto significa que estás siendo manipulada hasta el extremo de que te sientes mal contigo misma o a tener tanto miedo que tienes que seguirle la corriente a tu pareja en las relaciones sexuales aunque tú no quieras. Puedes estar siendo coercionada a tener relaciones sexuales por las amenazas de tu novio de dejarte o sentirte inútil o fea.

Luis de dieciséis años le decía a Kim de trece años que estaba gorda y fea, pero que todo eso se lo aguantaba. El quería tener relaciones sexuales con ella y aunque a ella le gustaba Luis, no deseaba tener relaciones sexuales con él. Luis le decía que era demasiado tener que aguantarla si ella no quería tener relaciones sexuales con él. Ella se sintió avergonzada y le dio miedo perderlo. Así que no lo detuvo cuando él la empujó en la cama y la forzó a estar con él, sin importarle sus sentimientos. Esto sucedió una y otra vez y Kim se sentía más y más avergonzada y no se dio cuenta hasta mas tarde que ella había sido abusada sexualmente por coerción.

Si te has rehusado a tener relaciones sexuales o hacer cierta clase de actos sexuales, tal vez hayas sido ignorada. Susana de diecisiete años se enfermaba solo de pensar en tener sexo oral, y aunque ella decía que no, Brad de dieciocho años, le empujaba la cabeza hacia abajo y no le permitía que ella se levantara hasta que "lo hiciera."

Probablemente te ha obligado a tener relaciones sexuales con otros muchachos o tener que mirar a tu novio teniendo relaciones sexuales con otras personas. Te has sentido humillada o insultada sexualmente, eso te hace sentir avergonzada o creer que hay algo mal en ti. Juan de diecinueve años le decía a Marisol qué guapa se veía esa muchacha y que fea se veía ella. Juan decía enfrente de sus amigos que Marisol no lo satisfacía sexualmente, le decía que prefería hacerlo con otras muchachas porque Marisol no era buena para el sexo.

Puede ser que te hayan obligado a tener relaciones

sexuales sin protección contra el embarazo o el SIDA. Joan quien tenía dieciseís años dijo:

"Escuchaba todo lo que Jeff me decía cuando solía hablar de sexo porque él fue el primer muchacho con quien tuve relaciones sexuales. Cada vez que yo le decía que se pusiera un condón, él rehusaba ponérselo. Me decía que le arruinaba el 'placer' y lo decía de una manera cruel. También me decía que yo no lo satisfacía y eso me hacía sentirme mal, yo lloraba mucho. El me engañó y me dijo que ya se había hecho el examen del SIDA, y que no tenía porqué preocuparme, que el doctor le dijo que no tenía ninguna enfermedad y que no podía tener hijos, que no era necesario usar anticonceptivos. Me dí cuenta que todo eso era una mentira cuando quedé embarazada. Tuve un aborto, fue lo más difícil que tuve que hacer en mi vida."

Cuando preguntamos, "Cuáles han sido las formas en que fueron ABUSADAS EMOCIONALMENTE?" las jóvenes contestaron:

- gritarme
- me robó mi dinero
- ser acusada constantemente por errores de mi pareja
- verbalmente hostigada
- llamarme nombres feos
- ser acusada constantemente de coquetear o tener relaciones sexuales con otros
- interrogada repetidas veces
- humillada en público

- quebrar objetos valiosos
- decirme que era una "Estúpida" o "Loca"

Cuando preguntamos, "Cuáles han sido las formas en que fueron ABUSADAS FISICAMENTE?" las jóvenes contestaron:

- aruñarme
- tratar de ahorcarme
- jalarme el pelo
- cortadas de cuchillo
- patadas en el estómago durante el embarazo
- moretones en el brazo
- golpearme la cabeza contra la pared
- golpearme la cara, los brazos
- retorcerme el brazo
- golpearme con un objeto
- darme una paliza
- doblarme los dedos
- tirarme fuera del carro
- quemarme

Cuando preguntamos, "Cuáles han sido las formas en que fueron ABUSADAS SEXUALMENTE?" las jóvenes contestaron:

- llamarme con nombres sexuales
- querer tener sexo después de golpearme

- hacerme caminar desnuda hacia la casa
- siempre quería tener relaciones sexuales y se enojaba cuando yo no quería
- relaciones sexuales obligatorias
- hacer actos sexuales repugnantes
- morder o pellizcar los pechos
- actuar indiferente
- amenazarme con dejarme por otra mujer
- violarme
- bofetearme para salirse con la suya
- obligarme a tener relaciones sexuales sin protección.

Ejercicio

Usa esta página en blanco para escribir las diferentes formas en que tú crees que tu novio ha sido abusivo de una manera emocional, sexual, física o verbal contigo. Escribe cómo te sientes después de haber leído esta sección.

4
¿Cómo puedes saber si tu relación es abusiva?

Para las víctimas

"No tenía idea de que estaba siendo abusada. Mi madre me mostró un libro y leí las historias de otras muchachas y el abuso que ellas recibieron. Fue entomces cuando me dí cuenta que las historias que las muchachas decían en el libro me estaban sucediendo a mí. Antes, yo solía justificarlo por todo lo que él me hacía, esto cambió mi manera de pensar, de '¿Qué es lo que estoy haciendo mal?' a 'Yo no merezco que me traten de esa manera.'"—Sandra, 19

Muchas víctimas no reconocen que están siendo abusadas. No se dan cuenta que están cambiado gradualmente debido al abuso. ¿Eres tú una víctima de la violencia en tu relación? Responde a las preguntas de abajo. Si contestas sí a dos o más de estas preguntas, estás en una relación abusiva o se puede convertir en una relación abusiva.

¿Eres una víctima de la violencia en tu relación?

- ¿Le tienes miedo al temperamento de tu novio?
- ¿Tienes miedo de no estar de acuerdo con él?

- ¿Estás siempre pidiendo disculpas a ti misma o a otros por el comportamiento de tu novio cuando estás maltratada?
- ¿Has sentido miedo por el comportamiento violento de tu novio hacia otros?
- ¿Has sido golpeada, pateada, empujada o te han tirado objetos?
- ¿Te has alejado de tus amigos y familiares por temor a sus celos?
- ¿Has sido obligada a tener relaciones sexuales?
- ¿Has tenido miedo de decir **no** a tener relaciones sexuales?
- ¿Te sientes obligada a justificar o dar una explicación de todo lo que haces, con quién andas, a dónde fuiste y con quién estuviste por temor a su temperamento?
- ¿Has sido acusada injustamente por coquetear con otros muchachos o de tener relaciones sexuales con otros?
- ¿No puedes salir, ir a la escuela o trabajar sin pedirle permiso a él?
- ¿Te has convertido en alguien con secretos, avergonzada u hostil con tus padres debido a esta relación?

Para los abusadores

"El haberme encerrado en la cárcel por mi violencia me ha ayudado a confrontar mi problema. Antes yo amenazaba a mi novia verbalmente y le aplasté su mano contra la pared. Yo la empujaba, la sacudía y hasta le apunté con una pistola en su cabeza." Allen, 18

Si eres abusivo emocionalmente o verbalmente puede ser que tú también seas una víctima. Puedes creer que otras personas causan tus problemas o además causan tu violencia. El resultado está en que tú no reconoces que tienes un problema y que solo puedes cambiarlo tú. Responde a las siguientes preguntas. Si contestas sí a dos o más de estas preguntas, eres una persona abusadora.

¿Eres un abusador?

- ¿Eres extremadamente celoso o posesivo?
- ¿Tienes un temperamento explosivo?
- ¿Criticas, insultas o pones en rídiculo constantemente a tu pareja?
- ¿Te conviertes en una persona violenta cuando tomas o usas drogas?
- ¿Le has quebrado sus cosas o se las has tirado?
- Cuando estás enojado, ¿has golpeado, empujado, pateado o lastimado a tu pareja?
- ¿Has amenazado a tu novia con matarla o matar a algún familiar cercano?
- ¿Has obligado a que tu pareja tenga relaciones sexuales o la has intimidado tanto que tu pareja te tiene miedo y no puede decirte no?
- ¿Has amenazado a tu pareja con matarte si te abandona?
- ¿Obligas a tu pareja a que te diga todo lo que hace cuando no está contigo?
- ¿Espia a tu pareja, o le llamas para saber exactamente lo que está haciendo?
- ¿Acusas a tu pareja de tener otros chicos o chicas?

5 / El ciclo de la violencia

"Un pequeño desacuerdo nos llevaba a otro . . . Esto hacía que empezara suavemente y terminara con . . . la violencia de Mike. Después la tormenta se calmaba y nos reconciliábamos apasionadamente o nos manteníamos felices por varios días o semanas hasta que la próxima tormenta comenzaba de nuevo."—Marge, 18

Si estás en una relación violenta, ésta podrá empeorar al menos que algo cambie—al menos que la persona que es violenta tome acción y haga cambios, o que la víctima lo deje.

Te darás cuenta que hay un patrón, un ciclo de violencia en tu relación. Los abusadores actúan como si fueran dos personas diferentes: a veces son personas amorosas y a veces son crueles. Su comportamiento y humor va y viene en repetidos ciclos. Mientras pasa el tiempo, los ciclos son más y más cortos. Para muchos abusadores, la etapa de la **luna de miel** eventualmente para, y van y vienen entre la etapas de **creando la tensión** y **explosión.**

Dana y Jason tienen dieciséis años. Van a la misma escuela secundaria. Han estado juntos ocho meses y ambos han pasado por estas tres etapas del ciclo de la violencia. Sus experiencias son típicas de una relación violenta.

La etapa de creando la tensión

Durante la etapa **creando la tensión**, Jason se vuelve más y más temperamental, irritable, criticón y explosivo. Estalla por pequeñas cosas, avienta cosas y constantemente está criticando a Dana. El la "castiga" por sus "errores," la culpa por cualquier cosa que cree que está mal-sin importar lo que ella haga.

Jason es celoso y posesivo. Acusa a Dana de vestirse sexy, coquetear o de tener relaciones sexuales con otros chicos. El la llama constantemente para ver dónde se encuentra ella o para estar seguro de que ella no se va a ningun lado.

Algunas veces, Dana piensa que las exigencias de Jason son agradables. Estas parecen ser una prueba de amor. De esa manera cree que ella es importante para él. Pero poco a poco Dana va teniendo más y más miedo de hacer algo incorrecto que provoque su ira.

Durante la etapa **creando la tensión**, Dana se vuelve más cuidadosa, tiene miedo de hacer algo que haga a Jason actuar violentamente. Trata de mantener la paz, para agradarlo. Cuando él quiere saber dónde ha estado, ella trata de decirle la verdad. Pero después le dice lo que cree que él quiere oír. Cuando él se enoja por lo que ella dice, ella trata de explicarle. Después de un momento se da cuenta que ya no tiene importancia lo que ella dijo. Jason tuerce las cosas que Dana dijo a su manera y así es cómo él se enoja cada vez más y más. Cuando ella trata de calmarlo, buscarle su buen humor o cuando simplemente se mantiene callada para dejar de pelear, él continúa acumulando su cólera hasta el punto de explotar.

En ocasiones esto termina tan pronto como empieza, o le dice a que él no actuaría de esa manera si supiera que ella lo amara. Después de eso, él quiere tener relaciones sexuales. Cuando él se comporta de esa manera, tener relaciones sexuales no es divertido porque Jason quiere demostrar algo y se comporta de una manera ruda y grosera con ella.

Aunque se calma un poco, la tensión todavía está allí y Dana continúa observándolo, siempre tratando de evitar peleas. Ella se vuelve tensa y nerviosa. Ella tiene terribles dolores de estómago; su doctor piensa que se le está desarrollando una úlcera. Algunas veces ella se pone enferma. Normalmente ella es una persona feliz, llena de energía, pero cuando la tensión entre ella y Jason se pone mal, se vuelve una persona retraída y deprimida. A ella le gusta cuidar a Jason y se olvida de cuidarse ella misma, así que se va a la escuela con la ropa vieja y sucia. Ella se distrae tanto en preocuparse por Jason, que no se puede concentrar en la escuela, y aunque en general es una buena estudiante, se le olvidan sus tareas y reprueba sus exámenes.

La etapa de la explosión

La etapa de tensión, termina con una **explosión** violenta. El abusador ataca verbalmente y/o físicamente a su novia. Normalmente es más severo el abuso durante la etapa de tensión, o es peor que las etapas anteriores.

La cólera de Jason va aumentando y no trata de calmarse. El permite que la cólera aumente y se desquita con Dana. La insulta, la golpea y no permite que se le escape. De repente deja escapar su tensión, y la pelea termina (hasta la próxima vez que vuelve a suceder). Más tarde él se arrepiente de lo que hizo y tiene miedo que Dana lo vaya a dejar. Ya le dejó el ojo morado y golpes por todo el cuerpo, y cuando él se da cuenta de como la ha golpeado, llora y le ruega que lo perdone.

Dana trata de estar lejos de Jason antes de que él explote en cólera, algunas veces lo logra, pero otras no. Es un gran alivio para ella cuando todo termina, pero a la vez la enoja. No importa lo que haga, Jason siempre la lastima. En varias ocasiones, después que él la ha golpeado ella lo ha dejado.

La etapa de la luna de miel

La tercera etapa, la etapa de **la luna de miel** que sigue a la explosión, es la que mantiene a la pareja unida. Jason siempre está disculpandose, es romántico y apasionado. Promete cambiar y nunca más hacerle daño. Dana está lastimada y lo único que quiere es estar lejos de él. Pero inmediatamente él actúa como cuando ella lo conoció, y él se siente mal, ella recuerda las cosas que le gustaban de él, cuando no era abusivo. Sabe que él la ama y que la necesita.

Ellos vuelven a amarse otra vez y Jason ya no está tenso, y están contentos de estar juntos otra vez. Dana se siente relajada, llena de energía y bien. Jason ya no se irrita facilmente ni es celoso y no hace las cosas contrarias de lo que Dana dice o hace. Ellos van a sus lugares especiales y disfrutan del tiempo que pasan juntos.

Los dos encontraban excusas para justificar el porqué estalló Jason—su niñez infeliz, sus fracasos en la escuela, el fracaso de ella por no hacerlo feliz. Ellos piensan que su violencia es justificable o merecida. Ambos niegan el hecho de que la violencia de Jason es el problema. El no tiene control de *sí mismo* ni de *su* temperamento. Ambos empiezan a creer que la violencia es solamente un "mal entendido" y que nunca más volverá a suceder . . . hasta que la tensión comienza otra vez . . .

El ciclo de la violencia

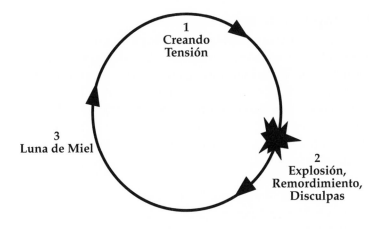

Ejercicio

Usa esta página en blanco para escribir cómo te sientes o para tomar notas para ti.

6 / ¿Por qué los muchachos abusan de sus novias?

"El novio de mi mamá me golpeaba con el propósito de enseñarme a ser un muchacho rudo. Mi madre solía golpearme, y cuando yo me enojaba golpeaba cualquier cosa por cualquier razón. Yo disfrutaba intimidando a la gente."—Ray, 18

Es muy difícil de explicar por qué una persona puede ser cruel o violenta con alguien a quien ama. No hay ni una sola explicación para esto. Hay varios factores que contribuyen a la violencia en las relaciones.

Celos

Muchos estudiantes de las escuelas secundarias y colegios dicen que los celos es la causa mayor de la violencia durante el noviazgo. Aunque está basado en la inseguridad, muchos jóvenes piensan que los celos son una señal o prueba de amor. Los abusadores dicen, "Te amo tanto que no puedo soportar que tengas otros amigos. Te quiero sólo para mí." Una novia se siente motivada y contenta al escuchar esta prueba de amor.

Pero ellos pueden ignorar que el ser celoso conduce al abusador a restringirla, controlarla y a golpearla y ser violentos. Lo que empieza como un romance y amor "especial" se vuelve una prisión para la persona que está enamorada. El amor se vuelve una prisión cuando un novio abusivo le dice a su novia, "Te quiero sólo para mí," y después tiene arranques de celos y explosiones de enojo cuando su novia mira a sus amigos o hace alguna cosa que ella quiere hacer para sí misma. Entonces, como ella tiene miedo, la novia del abusador trata de evitar el mal temperamento y violencia del abusador. Gradualmente, ella deja de hacer cosas o ver a personas que son importantes para ella. Se va aislando y es más y más dependiente del abusador como la única persona en su vida. El abusador se convierte *más* celoso y violento, *no menos*. Esto es porque él descubre que los celos le dan una excusa para controlar a la persona que ama, al mantenerla intimidada, con miedo y dependiente de él. (Esto también se aplica a las muchachas, quienes controlan a sus novios con celos, y a personas que se encuentran en relaciones homosexuales.)

De hecho, los celos no vienen de sentimientos de amor. Las personas son celosas porque son inseguras acerca de sí mismas, y tienen miedo de no ser amadas. Debido a que son inseguras, ellos usan sus celos para dominar y controlar a la persona que aman.

Usando la violencia para valer el poder

En nuestra sociedad, los jóvenes pueden aprender ideas equivocadas sobre lo que es normal en una relación por lo que ven en las películas, televisión y anuncios. Ellos observan muchas situaciones en donde una persona fuerte o un grupo de personas mantienen su poder utilizando la violencia para controlar a las personas que tienen menos poder. Por ejemplo, ellos ven a los muchachos más grandes y mayores que intimidan o molestan a los muchachos pequeños de estatura y menores de edad. Observan que en el ejército militar utilizan armas y bombas para resolver un conflicto. Ellos observan que las mujeres son maltratadas en la televisión o en las películas. Entonces ven que la gente piensa que todo eso es romántico o gracioso o nada serio. Ven a los adultos que conocen, quienes usan la violencia para mostrar su poder. Así que ellos asumen que mantener el poder con violencia es normal.

Tratando a las mujeres sin respeto

Los hombres jóvenes frecuentemente piensan que tienen el derecho de abusar de la mujer. Ellos pueden erronéamente creer que los hombres deben dominar y controlar a las mujeres, y que esas mujeres son pasivas, estúpidas y están obligadas a complacer a los hombres.

Hay mucha presión entre los muchachos de la misma edad a estar activos sexualmente, así que algunas veces son sexualmente agresivos con las muchachas. Estos creen que les corresponde el papel de ser dominantes y controlar el comportamiento y las actividades de sus novias.

Los jóvenes tienen la aprobación de sus amigos de ser "el jefe," para mantener a su novia "en línea," empujándola o ignorándola cuando ella dice no al sexo. Ellos pueden tener miedo a no verse como "hombres" si no se comportan de esa manera.

Las jóvenes se sienten presionadas a hacer lo que sus novios quieren que hagan, aunque esto las lastime. Las muchachas con frecuencia aprenden a ser dependientes de sus novios. Ellas aprenden a ponerlo en primer lugar y no tener nada importante en sus vidas aparte de la relación. Ellas juzgan y critican a las muchachas que no están saliendo con un muchacho en especial. La jóven se siente presionada a estar en una relación aunque no sea buena para ella.

Las jóvenes se sienten presionadas a tener relaciones sexuales cuando no quieren. Una joven puede culparse a sí misma si su novio la obliga a tener relaciones sexuales a pesar de haberle dicho que no. La presión viene de ideas equivocadas acerca del sexo y acerca de las relaciones. Por ejemplo, los adolescentes con frecuencia creen que si un muchacho lleva a pasear a una muchacha fuera, ella está "obligada" a tener relaciones sexuales con él, aunque ella no quiera. Muchos jóvenes creen que están justificados cuando violan a una muchacha simplemente porque ella los excitó o si ellos tuvieron que gastar dinero en ella. Una vez que la muchacha acepta tener sexo con su novio, ella puede creer que no tiene derecho a decir no o cambiar su manera de pensar o no querer hacer ciertas clases de actos sexuales o ella puede creer que no tiene derecho a decir que no después de la primera cita—como si ya le "perteneciera" a él. Además, es posible que ella tenga miedo de perder su reputación y ser vista como una "cualquiera" por otros adolescentes si ella no está de acuerdo en "pertenecerle."

Todas estas creencias contribuyen a las relaciones violentas.

Violencia durante la niñez

Los hombres jóvenes que fueron maltratados de niños o vieron que sus madres eran maltratadas son más propensos a abusar de sus novias, esposas o hijos. Ellos aprenden de sus padres abusivos a culpar a otros por sus problemas. Ellos han aprendido a liberar su tensión siendo violentos y perdiendo el control de su temperamento, sin importar a quienes lastiman. No han aprendido otra manera de manejar sus problemas y sentimientos. No han aprendido a tratar a las mujeres con respeto.

Dificultad manejando la inseguridad y la cólera

Los muchachos que son violentos con sus novias tienen una gran dificultad en manejar sus inseguridades y miedos. Tienen miedo a que sus novias los abandonen, así que se les es difícil confiar en ellas. Ellos también tienen problemas controlando su cólera. Culpan a sus novias cuando pierden el control de su temperamento; no saben cómo comunicarse y hablar de sus sentimientos. No entienden cómo sus novias pueden sentir miedo y sentirse mal cuando ellos se enojan y los tratan mal.

Alcohol y drogas

Muchos adolescentes que han experimentado violencia dicen que el beber alcohol y usar drogas hacen que ésta sea peor. Esto no es la causa de la violencia; pero el tomar o usar drogas conduce a la persona a hacer a un lado las inhibiciones y se vuelven violentos.

Por ejemplo, un muchacho se emborracha en una fiesta y después de la fiesta lleva a su novia a casa y la ataca verbalmente y físicamente. En la fiesta, él estaba capacitado para decidir no golpear a otras personas. Estaba guardando toda esa cólera para su novia. Si hubiera decidido no tomar, podría haber estado capacitado para decidir no golpear a su novia también. Así que usa como una excusa el estar tomado para ser violento con su novia.

El abuso del alcohol y las drogas son a menudo formas peligrosas para escapar de los problemas personales.

> ### Cuando se les preguntó por qué abusaron de sus novias, los muchachos contestaron:
>
> • Me ponía celoso. Me volvía loco si ella miraba a alguien más. Si ella se vestía bien, como a mí me gustaba, me enfurecía porque pensaba que todos los muchachos la estaban mirando.
> • Mi papá golpeaba a mi mamá.

- Tenía dificultad en confiar en alguien más, especialmente en las muchachas.

- Me imaginaba que ella me abandonaría y eso me volvía loco. No quería llegar a ese extremo. Así que no permitía que ella hiciera algo sin mi permiso.

- En mi familia, desde mi niñez me sentía sin poder y como quería tener poder lo tomé—en mi pandilla y con mi novia.

- Celos

- Tengo malos destellos de cólera. No puedo controlar mi temperamento.

- Me siento mal conmigo mismo. Me vuelvo violento si no puedo confiar en alguien

- Alcohol y drogas

- Fui víctima del abuso físico y emocional y tengo mal genio.

- Sentía que tenía que ser grosero, para ser un hombre. Pensaba que mi novia estaba dominándome, controlándome. Ahora sé que eso no estaba bien.

- Me pongo violento cuando tomo, pero no he parado de tomar.

Ejercicio

Utiliza esta pagina en blanco para escribir sobre tus sentimientos o para tomar notas. Escribe como sería si tú estuvieras en una relación saludable.

7 / Amor romántico, nutritivo y adictivo

"El tenía que tener mi atención cuando quería. El quería que yo le esperara cuando él estaba ocupado. Me llamaba por teléfono a medianoche cuando me quería decir algo. Un día supe que él me engañaba con otra persona y que me había mentido acerca de muchas cosas. El me dijo que era mi culpa. Esa noche, le rogué que me diera una segunda oportunidad. Le pregunté qué podía yo hacer para que él me quisiera. Estaba aterrorizada de perderlo."—Sandra, 19

Se conocieron, se gustaron, se encontraron el uno al otro cosas excitantes y divertidas. Te enamoraste.

El amor puede ser nutritivo, romántico o adictivo. ¿Qué clase de amor tienes tú?

Amor romántico

La mayoría de las relaciones comienzan con **amor romántico.** En el amor romántico, todo parece ser perfecto, es como si hubieras encontrado a *la persona* ideal. Solo se ven las cosas buenas de cada uno. Las cosas que no te parecen buenas las tratas de ver de una manera positiva. Por ejemplo, más tarde podrías pensar que ella es "egoísta," pero al principio del romance ella "no es egoísta," solo "olvidadiza." Después, puedes pensar que él es "dominante" o "posesivo," pero al principio del románce él es "devoto" y "amoroso".

El amor romántico es emocionante, excitante y

apasionado. Te olvidas de todas las demás personas del mundo, menos de tu nuevo amor. Hacen cosas especiales juntos, se dan regalos, se escriben cartas apasionadas y hablan en el teléfono por horas.

Mientras más tiempo pasan juntos y se conocen el uno al otro, tu nueva relación empieza a adaptarse a tu forma de vida. Ves otra vez a tus amigas, te enfocas de nuevo en la escuela. Sobrevives a tu primer desacuerdo y empiezas a darte cuenta que algunas veces tú miras las cosas de una manera diferente. Encuentras que hay cosas que no te gustan acerca de cada uno.

Algunas parejas deciden no continuar con la relación, porque después de todo se dan cuenta que no es lo que ellos quieren, y en realidad no son una buena pareja. Las parejas que deciden continuar con la relación, buscan la manera de resolver sus diferencias antes que el romance desaparezca.

Como el amor romántico cambia gradualmente, y siempre es así, el amor se convierte igualmente en **nutritivo** o **adictivo**. Todavía puede existir romance y pasión entre ustedes, pero es una parte, no todo, de lo que ustedes tuvieron juntos.

Mientras leas esto, puede que pienses, "el amor romántico es grandioso! Esa es la clase de amor que *yo* quiero!" el amor romántico es excitante al principio, pero es el **amor nutritivo** el que dura más tiempo y hace a una pareja sentirse bien estando juntos.

Amor nutritivo

Si tú y tu novio tienen mutuamente un amor nutritivo, el deseo de los dos es crecer y ser felices. Tú deseas ser para él todo lo que él es capaz de ser para ti. Lo animas a tener amigos y a disfrutar de las actividades que pueden hacer separados, así como de las que pueden hacer juntos. Se apoyan mutuamente a mejorar en la escuela o en el trabajo. Te sientes con confianza de poder expresar tus sentimientos. Si tienen una discusión, ninguno de los dos tiene miedo el uno del otro. Te sientes a gusto de ser tú misma.

Si uno de los dos quiere estar solo, el otro puede aceptar esto. ¿Pero qué tal si uno de ustedes quiere terminar con la relación basada en un amor tranquilo y la otra persona no está lista para hacerlo? La persona abandonada se siente triste, disgustada y puede pasar mal tiempo por un rato. Pero al estar abandonada, no te sientes como te vas a destruir, o como si tu vida se hubiera terminado.

María y Esteban se conocieron en una fiesta de un amigo y dentro de una semana ya se veían todos los días. Ellos se reían mucho. Todo lo que hacían juntos parecía ser algo especial. Estaban enamorados. Por tres semanas se pasaron notas uno al otro en la escuela, caminaban juntos a la casa, hacían su tarea y miraban la televisión juntos, hablaban por teléfono desde el momento en que llegaban a sus casas, hasta que se iban a dormir. Cuando ya tenían casi un mes de andar juntos, María le dijo a Esteban que había salido con un grupo de sus amigas el viernes por la noche. También le dijo que estaba perdiendo las prácticas con su equipo de porristas por estar con él y no quería que la sacaran del equipo. Esteban quería ver a María ese viernes por la noche, pero él le dijo, "Ve y disfruta, las amigas son importantes." Cuando ella le dijo acerca de las prácticas en su equipo, él se sintió aliviado, porque estaba echando de menos sus juegos de basquetbol que había dejado de jugar cuando conoció a María. Seguían viéndose mucho, pero gradualmente regresaron a sus actividades normales de siempre y a sus amigos.

Tuvieron una pelea muy grande cuando Esteban no quiso llevar a la hermanita de María con ellos un sábado en la noche. Ambos se sintieron mal y temían que su relación se terminara solo por ese pequeño incidente. María pensaba que Esteban no la podía comprender porque él no vivía con una familia grande como la suya. Aunque Esteban continuaba odiando que María quisiera traer a cualquiera de sus hermanas cuando ellos salían, los dos solucionaron el problema. De vez en cuando, (no cada semana), llevaban a una de sus hermanas con ellos y la traían a la casa en la tarde, así que siempre tenían tiempo de estar solos. No estaban de acuerdo acerca de otras cosas tampoco. Pero estaban locos el uno por el otro, y mientras pasaba el tiempo se gustaban más y más. Su relación hizo el cambio de amor romántico a amor nutritivo.

Amor adictivo

El amor adictivo puede llevar a problemas serios. Eres "adicto" si uno de ustedes o los dos creen que no puede vivir uno sin el otro. Quieren estar juntos cada minuto, y se sienten intensamente enamorados inmediatamente después de conocerse. Después, gradualmente se sienten más desesperados por estar juntos, como si se necesitaran el uno al otro, sintiéndose aterrorizados de estar solos. Haces cosas que no son buenas para ti para que puedan estar juntos. Cualquier cosa que tu novio haga sin ti es como una amenaza para ti, es como si fueras a perder a tu pareja si no están juntos constantemente.

Los muchachos pueden esconder sus sentimientos hacia sus novias de esta forma, porque piensan que no es de "hombres" sentir que *necesitan* una muchacha. Así que un muchacho expresa sus necesidades siendo controlador y crítico. Por ejemplo, él puede exigir que su novia no tenga a nadie en su vida más que a él. Le dice que ella no es lo suficientemente buena ni como mujer ni como novia, así que la hace sentir que depende de él.

No todas las relaciones adictivas son abusivas. Pero

relaciones como ésta corren el riesgo de abuso. Si eres abusivo estás tomando ventaja de las necesidades adictivas que tu novia sienten por ti, y usas la fuerza para controlarla. Si tienes un amor adictivo con tu novia, haras cualquier cosa para detenerla a ella, a que te deje incluyendo el hacerla sentir miedo de irse.

Si eres la novia abusada, tu adicción te puede llevar a ignorar o excusar la violencia. Puedes tener miedo de que él te deje y llegar a tener miedo de estar sola. Si no abandonas la relación o no te opones a la forma en que estás siendo tratada, tu abusador puede pensar que él tiene el permiso para ser más abusivo. Te conviertes en un blanco práctico para tu abusador cuando esté triste por cualquier cosa que pasa en su vida.

Debbie y Lenny vivían a una cuadra de distancia, pero en realidad no se conocían porque ellos iban a diferentes escuelas. Pero un día ellos andaban perdiendo el tiempo en el barrio, flirteando y divirtiéndose. Lenny le preguntó a Debbie si quería salir con él, y antes de que él se diera cuenta Debbie lo estaba llamando constantemente, dándole poemas y hablando del futuro de ellos dos juntos.

Lenny pensó que Debbie era la más hermosa y excitante muchacha que él jamás había conocido, pero estaba un poco temeroso porque todo estaba sucediendo muy rápido. El le dijo a Debbie que quería que las cosas fueran un poco más despacio, que salieran juntos con amigos y que tuvieron tiempo para estar solos, así que podían salir bien en la escuela. Debbie se entristeció, y le preguntó si él estaba tratando de terminar la relación. Cuando él dijo, "No del todo!" ella le dijo que ella no podía entender por qué ellos tenian que estar separados

Cuando Lenny hacía planes para jugar basquetból con sus amigos, Debbie lo llamaba por teléfono seis veces antes de que él saliera de la casa y después de que volviera.

Ella necesitaba saber que él la extrañaba, porque ella pensaba que no podía vivir sin él. Lenny comenzó a sentirse abrumado y aunque la amaba, le dijo que deberían de separarse por unos días. Lenny tuvo el susto más grande de su vida cuando Debbie lo llamó al día siguiente a la medianoche, diciéndole que se iba a matar porque él ya no la quería.

La relación de Lenny y Debbie hizo la transición de amor romántico a amor adictivo.

Señales de un amor adictivo

- Piensas que no puedes vivir sin él

- Cada vez pasan menos tiempo felices juntos y más y más tiempo disculpándose, prometiendo, enojándose, culpándose y atemorizandose

- Te sientes peor acerca de ti misma

- Te sientes con menos y menos control de ti misma.

- No haces decisiones o planes, esperas qué es lo que él va a hacer

- Disfrutas cada vez menos del tiempo cuando estás lejos de él, como si tu estuvieras matando el tiempo hasta que ustedes puedan estar juntos otra vez.

- Sigues rompiendo la promesa que te hiciste a ti misma de no sentirte tan desesperada: "No lo voy a llamar" o "No la obligaré a decirme todo lo que hizo desde la última vez que la ví."

- Sientes que cada vez necesitas más y más de tu pareja.

- Tratas cada vez más y más de controlar a tu pareja.

Ejercicio

Utiliza esta página en blanco para escribir acerca de tu relación. ¿Es tu amor adictivo? Escribe acerca de tus sentimientos o haz notas para ti misma.

8
Cicatrices causadas por una relación violenta

"Ella estaba preocupada todo el tiempo y perdió mucho peso, aunque no estaba gorda, y no se veía con sus antiguas amigas . Nosotras (sus amigas) nos separamos de ella por un tiempo."—Rosa, 18

"Yo era rubia, ojos verdes y pesaba 130 libras, competía en gimnasia—hasta que renuncié porque él quería pasar más tiempo conmigo. Después de dos años con Andrés, pesaba más de 250 libras. Yo nunca salía de mi casa. Mi educación estaba en crisis. Tenía solamente una amiga con quien hablaba, y eso era todo."—Anónimo, 14

"Empecé a sentirme muy inadecuada. Mis notas bajaron drásticamente. Perdía muchas clases porque me sentía enferma—dolores de estómago, nerviosa más que todo . . . probablemente era una profunda depresión, luego empecé a sentirme con mucho sueño todo el tiempo, todo lo que yo quería era quedarme en la cama. Parecía que todo se me estaba viniendo abajo, abajo, abajo."—Anónimo, 19

Si estás siendo abusada o si fuiste abusada en el pasado, eres una *sobreviviente*. Estás leyendo este libro; estás haciendo preguntas. Has pasado por momentos en que pensabas que no ibas a sobrevivir, o te sentías desesperada, te sentías mal contigo misma. Pero siempre encontrabas esperanzas y fuerzas. Encontrabas las formas de luchar para salir adelante, para protegerte y cuidar de ti misma.

Algunas veces puedes pensar que esto no es nada importante. Te olvidas de tus fuerzas, y crees que eres débil. Pero eres fuerte con el hecho de que estás aquí leyendo hoy éste libro. Te estás ayudando a ti misma a empezar a curar las heridas.

Insultos verbales y llamar con nombres ofensivos, golpear, ser forzada para tener relaciones sexuales cuando no quieres: Todo eso causa dolor. Causa efectos emocionales y físicos duraderos. Probablemente estás sintiendo uno de estos efectos de violencia en tu relación. ¿Tienes tú alguno de los siguientes?

Cicatrices físicas

¿Tienes cicatrices de heridas? ¿Tienes moretones o huesos quebrados? ¿Tienes puntadas de suturas? ¿Tienes una incapacidad permanente debido a un abuso físico, tales como pérdida del oído o parálisis?

Apariencia descuidada

¿Para evitar provocar los celos de tu novio, descuidas o descuidaste tu apariencia? ¿Te vistes con ropa floja, poco atrayente? ¿Tienes miedo de verte atractiva? ¿Si estás siendo abusada sexualmente, te odias a ti misma y odias tu cuerpo? ¿Has aumentado o perdido demasiado peso, por la tensión y los nervios causados por el abuso?

Vergüenza

¿Te sientes avergonzada, como si hubiera algo terriblemente malo contigo porque esto te pasó a ti? ¿Te culpas a ti misma por el abuso? ¿Ahora te preguntas a ti misma, tus decisiones, tus habilidades, tu apariencia—y no lo hiciste antes de la relación abusiva?

Miedo

¿Estás nerviosa o tienes miedo la mayoría del tiempo? ¿Te duele el estómago cuando escuchas a otras personas discutir? ¿Te da miedo cuando ves a alguien que te recuerda a tu abusador? ¿Tienes pesadillas o recuerdos de las cosas violentas que te hicieron a ti? ¿Te aterroriza cometer errores o decir algo equivocado—sin importar con quién estés?

¿Piensas todo el tiempo en tu novio abusivo porque tienes el hábito de vigilarle?

Si ya terminaste con tu novio abusivo, ¿tienes miedo de que él te haga daño? ¿Te han amenazado en el pasado ("Si tú te vas . . . ") o todavía te amenaza o te acosa?

Aislamiento

¿Estás aislada y sola? ¿Has perdido a tus amigos y la cercanía de tu familia porque tu novio te lo pidió? ¿Empiezas a sentirte avergonzada y aún más alejada de tu familia y tus amigos? ¿Tienes miedo de ver a tus amigos ahora, porque piensas que no te van a creer? ¿Tienes miedo de que ellos crean que fuiste tú quien causó el abuso? ¿Tienes miedo de que tus amigos no entiendan los lazos intensos y cercanos que les mantienen a Uds. unidos a pesar de que él sea violento?

Sentimientos protectores

Sientes que proteges tu relación con tu abusador, aunque cuando lo haces no es bueno para ti? Te sientes a veces paranoico, no confías en nadie o tienes miedo de que la gente intervenga?

Depresión

¿Te sientes deprimida? Si estás deprimida, podrías contestar "si" a las siguientes preguntas: ¿Te sientes como si no tuvieras energía o como si estuvieras cansada todo el tiempo? ¿Eres llorona, o suben y bajan demasiado tus emociones? ¿Duermes mucho o tienes problemas para dormir? ¿Han cambiado tus hábitos de comer o has perdido o ganado peso sin que tú quisieras? ¿Tienes problemas pensando acerca del futuro? ¿Piensas acerca de ti misma y de que tu vida no vale la pena? ¿Piensas en morirte o en matarte?

Ejercicio

Usa esta página en blanco para escribir acerca de tus cicatrices. Si eres un abusador, escribe las cicatrices que le has causado a tu novia.

9 / Curándose del abuso

Si estás sintiendo algunos de los efectos que se mencionaron en este libro por estar en una relación violenta o si has sentido otros efectos que no se han mencionado aquí, necesitas tiempo y apoyo para curarte. Has sido herida—físicamente y emocionalmente. Toma tiempo para que te sientas tú misma otra vez. Necesitas apoyo de tus padres y miembros de tu familia, de tus amigos, de consejería y de otras personas que han tenido experiencias similares. Es necesario estar rodeada de personas que *no* son abusivas, así podrás usar la fuerza que has usado para sobrevivir en la relación violenta ahora para hacer cosas que te hagan sentirte bien acerca de ti misma otra vez y para sanar. Cuando estés fuera de la relación, puedes enfocar esa fuerza en ti misma (en lugar de aguantar a tu abusador).

Aunque la violencia puede tener algunos efectos duraderos, tú *puedes* curarte de ellos. Tú *puedes* sentirte tú misma otra vez y puedes sentirte feliz y segura otra vez. Hay que tener mucho valor—como el valor que te ha tomado el leer este libro. Dite a ti misma, "Yo tengo valor. Yo me curaré y seré feliz otra vez."

10 / ¿Romper la relación o continuar con ella?

"Las razones por las cuales me quedé con él, ahora veo, fueron razones estúpidas. Descubrí que yo estaba atada al novio que conocí al principio, el novio bueno, en vez de darme cuenta que él era una persona diferente ahora- una persona violenta, una persona adicta a las drogas. Este me golpeaba. Pero yo solo quería quedarme con el muchacho amable que conocí al principio."—Catherine, 17

"Más que todo me daba miedo de lo que ella haría. Mi pensamiento mayor era que ella cambiaría algun día y que yo era fuerte y lo suficiente bueno para poder ayudarla a cambiar."—Chris, 18

"Trataba de terminar la relación con él. Pero él venía hacia mí llorando, 'Te amo. Nunca te volveré a lastimar.' Cuando lo veía llorar, yo recordaba la suavidad y la gentileza que él me mostraba. Esto me daba la esperanza de que podíamos resolver nuestras diferencias. Lo dejaba y regresaba con él . . . Cuando su llanto [no funcionaba], él comenzaba a amenazarme que me lastimaría a mí, a mis amigos y a mi mamá. Llegó hasta el punto de amenazarme con suicidarse."—Salina, 13

Estar en una relación abusiva es abrumador. Te despiertas por la mañana diciendote a ti misma, "Esta es la última vez que voy a aguantar esto!" pero después piensas, "Pero no quiero estar sola!" o piensas, "Mi bebé no tendrá a su padre!" y algunas mañanas te levantarás y dirás, "Lo amo, ¡No aguanto esto, pero tampoco voy a terminar con él!"

Por qué es difícil tomar una decisión

Las víctimas usualmente tratan de buscar la manera de alejarse de la violencia sin tener que romper la relación. Puedes estar bien decidida que lo que quieres es que la violencia pare. Nadie *escoje* estar en una relación violenta. A nadie le gusta que le pongan sobrenombres, ser acusada de cosas espantosas, ser golpeada o violada. Pero tú, probablemente, no quieres que la relación termine. Tomar una decisión para cambiar tu vida es un desafío. A la vez es algo espantoso y difícil de hacer. Hay que tener bastante valor para cambiar tu vida.

Hay tantas razones por las cuales temes terminar con una relación violenta. ¿Tienes miedo de estar sola? ¿Tienes miedo porque tu novio se vuelve más violento y te amenaza cuando tocas el tema de romper con la relación? ¿Tienes miedo de que nunca encontrarás a alguien que te quiera otra vez? Si tu relación ha sido sexual, ¿temes que te miren como a una "cualquiera"? Estás preocupada en lo difícil que será estar alejada de él o de convencerlo que se aleje de ti? ¿Piensas que no te mereces (o no puedes tener) algo mejor? ¡Claro que tienes miedo de dejarlo! Tienes miedo de lo difícil que sería dejarlo, así como quedarte y ser lastimada.

Mientras te puede parecer más difícil dejarlo que quedarte, es mucho más peligroso quedarte. Con el tiempo te dolerá más si te quedas y será repetidas veces.

Tú mereces ser tratada con amor—y respeto. Es *tu vida* y tu estás a cargo de ella. Eres fuerte y valiente—mira por todo lo que has pasado!

Cuando se les preguntó por qué se quedaron y no se salieron inmediatamente de una relación violenta, las jóvenes contestaron:

- Lo amaba (cuando no era violento) y tenía la esperanza de que cambiaría.

- Pensaba que solo yo podía comprenderlo y era la única que tenía el poder de ayudarlo.

- El lloraba y me prometía que nunca lo volvería a hacer y yo le creía.

- Mis amistades pensaban que él era fantástico y yo tenía vergüenza de admitir que nosotros teníamos problemas, estaba tratando de hacer que las cosas funcionaran.

- Le tenía miedo porque él me amenazaba con hacerme daño o matarme o a cualquier muchacho que saliera conmigo.

- Me sentía dichosa de tenerlo, y creía que a nadie más le gustaría estar conmigo; estaba convencida que yo era fea, estúpida.

- Asistíamos a la misma escuela. Yo estaba presionada por sus amigos, como si hubiera estado haciéndole a él algo terrible cuando yo le decía que quería romper nuestra relación.

- Pensaba que todo estaría bien una vez que todos sus problemas se resolvieran. Por ejemplo, cuando él no estuviera presionado por parte de sus padres y de la escuela.

- Pensaba que la violencia terminaría cuando él y yo viviéramos juntos o nos casáramos, porque entonces él tendría confianza en mí.

- He intentando romper con él, pero me hostigaba

o se deprimía tanto que me asustaba, así que decidí mantener las cosas en calma hasta que fuera el tiempo "apropiado."

- Tuve un niño con él. ¿Cómo podría terminar con el padre de mi hijo?

¿Qué lleva a las muchachas a romper con la relación?

Las jóvenes que deciden romper con sus novios abusivos tienen diferentes razones para finalmente tomar una decisión. Frecuentemente han intentado alejarse varias veces antes de romper definitivamente con la relación.

¿Qué las llevó a tomar esa decisión de romper con la relación?

- *Finalmente creyendo que no merecen ser maltratadas*

"La diferencia fue el escuchar a mis amigos y miembros de mi familia (mis hermanas, mi hermano, mis padres) y de otras personas que yo no merecía ser tratada de esta manera."

"Cuando la policía, el director de la escuela y las cortes respondieron que lo que me estaba pasando era un crimen serio, fue entonces cuando me di cuenta que estaba siendo lastimada."

"Cuando lo escuché varias veces, finalmente lo creí: lo que estaba sucediendo conmigo estaba mal, estaba siendo lastimada emocionalmente y físicamente y no me merecía ese trato."

- *La violencia empeoró*

"Me di cuenta que nada mejoraría, el abuso estaba empeorando."

"Algo despertó dentro de mí cuando Ricardo me

quebró la nariz. Dentro de mí yo sabía que si era capaz de quebrarme la nariz, la próxima vez sería capaz de hacerme algo peor."

"De repente dejé de esperar que él cambiara y cuando me di cuenta que no cambiaría, ya no lo pude seguir amando."

- *Darse cuenta que estaban perdiendo demasiado*
  "De repente me di cuenta que era demasiado lo que estaba perdiendo."

  "Me di cuenta que mi hijo estaba siendo dañado al ver a su madre ser golpeada."

  "Yo planeaba ir a el colegio y tenía esperanzas para el futuro. Pero me di cuenta que mi novio no me permitía tener planes ni esperanzas debido a sus celos."

  "Había muchas cosas que disfrutar y que me había perdido debido a la relación abusiva. Quería tener la libertad de hacer las cosas que mis amigas hacían, cosas que otras jóvenes hacen también. Quería conocer personas nuevas, ir a lugares, participar en las actividades escolares, hacer cosas con mis amigas y con mis hermanas y hermanos."

- *Tocando fondo*
  "Me di cuenta que estaba siendo arrastrada hacia abajo. Cuando toqué fondo, decidí sobrevivir—y lo que eso significaba era dejar a mi novio."

  "Me miraba a mí misma y me di cuenta que me estaba convirtiendo en alguien a quien yo odiaba. Tenía que abandonar a mi novio y tenía que dejar de tomar y usar drogas."

- *Darse cuenta que no podían parar la violencia*
  "Me di cuenta que mi novio golpeó y maltrató a una chica con la que estaba saliendo cuando él me engañaba.

Fue entonces que me di cuenta que no era yo o lo que yo hacía. No existía nada especial o malo acerca de mí que lo hiciera violento. Después me di cuenta que tenía que alejarme de su violencia—nada de lo que yo hiciera lo haría cambiar."

- *Apoyo de familias y amigos*

   "Los amigos y familiares fueron quienes me dieron el estímulo y apoyo para que me decidiera a dejarlo.

   "Mis amigos afrontaron a mi abusador."

   "Mi familia me ayudó a protegerme de mi abusador. Ellos me escucharon."

- *Nuevas esperanzas y perspectivas*

   "Leí una historia en el periódico acerca de una jóven que fue abusada por su novio y yo sabía que eso era lo que me estaba pasando a mí. Me di cuenta que yo podía tener el valor de salirme de esta situación. Tenía esperanzas."

   "En una clase, leímos acerca de mujeres y muchachas jóvenes y relaciones, y tratamos cosas que me ayudaron a entender lo que me estaba sucediendo. Esto me hizo más fuerte."

   Casi todos las jóvenes que abandonan esta relación es porque llegaron a un punto donde ellas se sentían fuertes y capacitadas para vivir sin sus abusadores. Piensan acerca del futuro y de la clase de vida que quieren tener, una vida sin abuso y se sienten con esperanzas de que pueden alcanzar esa clase de vida. Esta es una nueva perspectiva, una nueva forma de verse a sí mismas. Cuando sienten esa esperanza, se sienten lo suficientemente fuertes para dejar a sus abusadores y edificar una nueva vida sin abuso.

Ejercicio

Usa esta página en blanco para escribir sobre tus sentimientos o para hacer notas para ti misma. ¿Qué hace (o hizo) que sea difícil que abandones tu relación, si es (o fue) una relación abusiva?

11 / ¿Qué puedes hacer si estás siendo maltratada?

"Yo nunca le dije a nadie acerca de esto, porque tenía vergüenza. Pero ahora ya puedo hablar sobre ello. Antes, me dolía demasiado o no quería acordarme. Tenía pesadillas acerca de eso. Traté de esconderlo de mi mamá. Mi mamá y yo estámos muy unidas, pero hay algunas cosas de las que tú no puedes hablar con tu mamá. Pero me di cuenta desde la primera vez que él me pegó, que si yo le hubiera dicho a mi mamá, no habría habido una segunda ocasión- porque él sabía las consecuencias que tendría que afrontar."—Anónimo, 18

"El tener a la policía y a la corte para detener su abuso, hizo una gran diferencia. El salió de la cárcel y nosotros hablamos y solucionamos nuestras diferencias. Desde entonces él no me ha golpeado."—Consuelo, 19

"Al fin asistí a una escuela en una ciudad diferente. Lejos de nuestras peleas abusivas, pude, poco a poco, edificar mi autoestima. Aprendí a divertirme sin Miguel, a tomar decisiones . . . y a [sentirme bien sin] tener que estarlo viendo todos los días. Poco a poco, aprendí a construir la confianza en mí. A definirme a mí misma en mis propias condiciones, en lugar de ser la novia de Miguel . . . Su propio comportamiento también me ayudó para romper mi relación y mantenerme lejos de él. Aunque él empezó a salir con alguien más, todavía era muy difícil estar lejos de él. El se volvió más y más violento. Se rompió el puño de la mano contra la pared de la casa de su nueva novia. Hasta entonces, yo había creído que yo había sido la única mujer que pudo realmente "manejarlo" hacia la violencia."—Margarita, 19

"[Se lo dije a mi trabajadora social en la clínica de salud.] Se lo dije porque ella siempre me escucha. Ella nunca me culpó—ni cuando quedé embarazada, ni cuando él me pegó. Fue un gran alivio porque nadie más creyó que esto me estuviera pasando. Se lo dije porque ya estaba harta de todo esto. Pero fue difícil. Me dolía demasiado hablar del asunto. Esto era real. Pero muy dentro de mí yo era realmente una persona lastimada. Cuando le dije a ella, yo lo creía. Lo que me ayudó fue mucha consejería y muchos amigos diciéndome que yo no era una mala persona. Lo tuve que escuchar muchas veces, MUCHAS VECES, pero después lo entendí."—Felicia, 18

Tú mereces seguridad y un amor que no lastime tanto. Mereces levantarte cada mañana y sentirte libre, no con miedo.

Tienes muchas fuerzas. Recuerdas los tiempos en que eras fuerte y cómo enfrentaste la situación cuando estabas siendo abusada.

• Recuerdas los tiempos en que decías o hacías algo para que no fueras lastimada de una manera peor.

• Recuerdas las veces que le dijiste a alguien acerca de esto.

• Recuerdas la forma en que evitabas la violencia.

• Recuerdas cómo seguiste adelante cuando sentías mucho miedo y dolor.

Cuando piensas acerca de cómo sobreviviste el dolor emocional y las heridas físicas, ¿te sorprendes al darte cuenta lo fuerte que eres?

Puedes usar tus fuerzas para hacer un plan para tu seguridad y liberarte de la violencia.

Mírate en un espejo, y repítete a ti misma enfrente del espejo, "¡Tú mereces ser amada sin ser dañada! ¡Tú eres fuerte y valiente! ¡Tú eres una sobreviviente!"

Tienes tus amigos, tus padres y otros que te han hecho la misma advertencia: "¡Vete! Rompe con tu abusador!" Esto pasa muchas veces con las víctimas de abuso. La gente mira el abuso y no entiende lo demás. Ellos no entienden que tú no quieres el abuso, pero sí que quieres el amor y quieres la manera de sentir cuando la relación es buena. Ellos no pueden entender que has estado tratando de romper con esa relación, pero esto te causa pavor, porque él no te dejará ir.

Cuando veas el título de esta sección, **¿Qué puedes hacer?**, ¿te has dicho a ti misma, "Yo sé, ellos van a decir que rompa con él, como todos los demás?"

Cómo dijimos en la otra sección, esta es una decisión muy difícil. Tu impulso es estar con tu abusador y al mismo tiempo necesitas distanciarte de él o ella y ambos impulsos son poderosos. Si no has decidido todavía si dejar o quedarte en la relación, aún hay cosas que puedes hacer para estar segura y protegerte a ti misma de la violencia.

Si has decidido terminar la relación, pero has tenido miedo de hacerlo, hay cosas que puedes hacer para estar segura y protegerte a ti misma de la violencia mientras estás rompiendo la relación. A este punto probablemente ya sabes que tu abusador se vuelve más violento cuando él cree que vas a dejarlo.

Si has roto la relación, hay cosas que puedes hacer para estar segura, y sanar los efectos del abuso.

Recuerda:
Si tú decides dejarlo o

Si tú decides quedarte o
Si tú decides pensarlo por un tiempo o
Si tú ya te has ido,
Eres fuerte y puedes estar segura y protegerte a ti misma de la violencia.

Cosas que puedes hacer para estar segura

¿Cómo puedes estar segura? ¿Cómo puedes sobreponerte? ¿Cómo puedes comenzar a recuperarte del daño físico y emocional que el abuso te ha causado? ¿Cómo puedes estar libre de la violencia?

- *Tómalo en serio*

Hazle saber a la persona que te abusa que el abuso físico, emocional y sexual son todos *serios y peligrosos*. Que tú no lo mereces. Aclárale que tú no vas a permitirlo. Si insistes en que ellos vayan a consejería o Alcóholicos Anónimos o que ellos cambien su comportamiento, tienes que estar lista para cumplir tus amenazas o promesas. Si tú dices, "Me iré de la casa si no cambia su viejo comportamiento," pero no te vas cuando continua con viejo comportamiento, creerá que tiene tu permiso para continuar la violencia.

- *Ten un plan para tu seguridad*

Si *no* estás aún lista para separarte, piensa en un plan seguro para cuando tu abusador se ponga violento. Si estás lista para separarte, piensa en un plan seguro para cuando reaccione explosivamente o te hostigue para que regreses. Piensa en lo que tú puedes y no puedes hacer para no ser el blanco de la violencia. Por ejemplo, haz arreglos para que te puedas ir a quedar en un lugar seguro. Haz arreglos para que no estés sola en la escuela o en el camino hacia tu casa o a la escuela. *Incluye a otras personas en tu plan de seguridad—tus amigos, tus padres, hermanas, hermanos, vecinos, personas en la escuela.* Si has sido aislada por tus padres u otras personas cercanas a ti, recuerda que ellos pueden ser muy útiles. Tú necesitas el apoyo de los adultos para que estés segura.

Ten a alguien más o una máquina contestadora que reciba las llamadas, si no quieres atender las llamadas de la persona que te está maltratando. Si van a salir juntos, haz arreglos para regresar segura a la casa y asegúrate que alguien sepa donde estás. Usa lo que sabes sobre el patrón de comportamiento de tu abusador y usa todos los recursos que tengas para que tu plan de seguridad te funcione.

- *Defensa personal*
  Hay diferentes formas de hacerle saber claramente a tu abusador que no le permitirás la violencia. Planear tu propia seguridad es una forma importante. Puedes hacerle saber a tu abusador en voz alta y clara que tú no serás golpeada y no tendrás relaciones sexuales a no ser que tú quieras hacerlo. Le puedes decir a la gente sobre el comportamiento violento de tu abusador en lugar de ocultarlo. Puedes tomar clases de defensa personal. Las clases de defensa personal te enseñarán una actitud de dominio y asertividad y cómo manejar el miedo.

- *Usa el sistema legal*
  Asalto, golpes, coerción sexual, violación—todos son ilegales. La violencia que tu abusador usa contra ti es un crimen.
  Puedes quejarte a las autoridades como la policía, los administradores de tu escuela o la policía de seguridad, o el encargado de los dormitorios si estás en un colegio. Aún si eres menor de dieciocho años, puedes llamar a la policía. Un novio violento también puede ser acusado de

estos crimenes:

Hostigamiento criminal: Si eres el objeto de contacto físico, eres perseguida o recibes constantes llamadas de teléfono para hostigarte, alarmarte o molestarte.

Ponerte en peligro innecesariamente: Hacerte sentir con miedo a ser herida físicamente o con el riesgo de muerte.

Asalto provocado: Intencional o negligentemente causarte o intertar causarte heridas físicas.

Asalto con agravantes: Intencional o negligentemente causarte o intentar causarte heridas graves, incluso con un arma.

Violación o intento de violación: Coito sexual (penetración en la vagina) forzada por la violencia o amenaza de violencia.

Asalto sexual: Tocar o frotar por violencia o amenaza de violencia. El uso de objetos en el acto sexual sin permiso. También, tocar o frotar por un adulto a alguien quien es menor de dieciocho años.

Sodomía: Forzar la penetración por el ano.

Sexo oral forzado

Puedes obtener una *orden de restricción*. Están disponibles para los adolescentes ayudados por un adulto. Una orden de restricción es una orden dada por la corte para que el abusador se mantenga alejado de ti. Si el abusador viola la orden de la corte, él pueden ser arrestado. Se solicita la orden de restricción con la corte civil. Llama para obtener información de cómo solicitar una orden de restricción a la línea de emergencias para la violencia doméstica más cercana a ti.

• *Dile a un adulto sobre la violencia*

Cuéntale a un adulto sobre tu experiencia con la violencia. Comienza diciéndoselo a tus padres. Necesitas apoyo para resolver este problema, porque no puedes manejarlo sola. Hablar con tus amigos puede ayudarte a sertirte apoyada y no tan sola. Ellos pueden ayudarte con tu plan de seguridad. Pero debes hablar con adultos. Puedes hablar con otros miembros adultos de la familia, además de tus padres, también pueden ser fuente de apoyo y ayuda. En la escuela, los consejeros, enfermeras, el sub-director, el director o los maestros pueden ayudarte. Algunas veces un compañero del trabajo, un vecino o un amigo de tus padres pueden ser de mucha ayuda. *Encuentra alguien con quien puedas hablar.*

Quizás necesites que se lo digas más de una vez, ya que es posible que ellos no crean al principio que tú tengas un problema tan serio. Quizas cambies de opinión cuando la violencia se pare por un tiempo, piensas que no pasará de nuevo. Pero continúa diciéndoselo a ellos.

Si has estado en una relación abusiva por un tiempo, tu relación con tus padres puede ser complicada en estos momentos. Tal vez tus padres quieran ayudarte, pero no saben cómo, o a lo mejor no entienden tu intenso miedo y tus sentimientos. O tus padres pueden estar enojados contigo o no te apoyen en general. El primer paso es intentar obtener su apoyo diciéndoles a ellos exactamente lo que pasa y por qué tienes tanto miedo de tu abusador. Si has sido emocionalmente o sexualmente abusada, esto puede ser difícil de explicar. Diles a ellos sobre los incidentes que has pasado. Puedes enseñarles a ellos este libro y las secciones que se aplican a tu experiencia.

Si ves a un consejero primero, planea con el cómo decírselo a tus padres. Si tus padres no te quieren escuchar o ayudar, puedes sentirte herida o enojada. Puedes incluso creer que es mejor no confrontar el abuso. Pero debes seguir intentándolo, y encontrar un adulto que te escuche.

• *Llama a las líneas consejeras (hotlines)*
La mayoría de las ciudades tienen líneas para ado-lescentes con problemas de violencia doméstica y líneas

para violaciones o crisis. En los Estados Unidos hay una Línea Nacional sobre la Violencia Doméstica (1-800-333-7233). La llamada a esta línea es gratuita. Estas líneas pueden ayudar a adolescentes que abusan o que tienen miedo de hacerse abusadores, además de adolescentes que están siendo abusados. Pueden ayudar a adolescentes que son homosexuales además de los adolescentes que no lo son. Pueden ayudar a amigos y miembros de la familia o alguien que tenga problemas de violencia cuando sale con alguien.

Puedes encontrar el número de teléfono de estas líneas (hotlines) locales buscando en la guía de teléfono bajo el nombre "adolescente/Adolescent," "jóvenes/ Youth," "violación/Rape," "violencia doméstica/Domestic Violence," "violencia familiar/Family Violence" o "crisis." Si no puedes encontrarlo en la guía telefónica, llama a Información y dile a la operadora lo que andas buscando. La operadora puede saber cómo ha sido clasificado.

Estas líneas consejeras (hotlines) han entrenado consejeros para contestar el teléfono. Algunas líneas contestan las veinticuatro horas al día, siete días de la semana. Otras sólo contestan a ciertas horas, lo sabrás cuando llames. El consejero que contesta en estas líneas puede ayudarte si estás molesta y necesitas alguien con quien hablar. Ellos pueden ayudarte a encontrar un consejero, servicios legales, o un grupo de apoyo cerca de tu casa. Normalmente no preguntan tu nombre completo, a veces sólo preguntan el nombre, asi puedes sentirte segura de que nadie te conocerá o sabrá que has llamado.

- *Encuentra un consejero o un grupo de apoyo*

Hablando con un consejero o terapeuta que sabe sobre la violencia de parejas puede ayudarte a poner en orden tus sentimientos confusos y ayudarte a ser fuerte para manejar la violencia. La consejería puede ayudarte a recuperarte de la traumática experiencia que has vivido. Un grupo de apoyo donde puedas hablar con otras u otros jóvenes que tienen el mismo o un problema similar puede ayudarte a no sentirte sola ni aislada. Puedes aprender de otros cómo manejar el problema que se presenta cada día cuando estás en una relación abusiva o cuando tu has terminado una recientemente.

El consejero de la escuela, la enfermera, un amigo, una línea telefónica (hotline) para adolescentes o una línea telefónica (hotline) sobre la violencia doméstica en tu área, puede estar disponible para sugerirte lugares donde puedas ir a consejería. Si tu escuela tiene una clínica de consejería, puedes encontrar ayuda en esa clínica.

Advertencia de adolescentes que han sido abusados.

"Quiero decirte que si él te golpea la primera vez, es tu oportunidad de salirte de esa relación. Debes terminarla en ese momento, porque si continuas diciendo que no volverá a ocurrir de nuevo, estarás diciéndote eso muchas y repetidas veces, y muy pronto será demasiado tarde." —Anónimo, 18

"Déjalo solo de una vez. Si tienes intención de cambiar tu número de teléfono o mudarte, hazlo."—Don, 18

"Quiero mi educación, obtener un trabajo. Tengo que aprender diferentes cosas así no me quedo estancada. Si él lo hace otra vez, yo sé que no me quedaré. Ahora yo estoy pensando sobre mi futuro. Tal vez tú no lo dejes porque le tienes miedo a él o a sus amigos. Tal vez no tienes escapatoria, estás sin dinero, no tienes a dónde ir. Lo más

importante es ir a la escuela. Entrénate. Sé fuerte, habla con un amigo o con otra persona que ha sido abusada."
—Consuelo, 19

"Mi consejo a otros jóvenes es que le digan a la persona que está abusándolas o controlándolas que pare. Dile a ellos, "Si hay algo que yo hago y que no te gusta, dímelo. Déjame ser como soy." Yo aprendí a ser abusado por mi novia, si comienzas a regresarle los golpes o a herirle, es peor. No te permitas entrar en esa situación. Si la persona necesita salirse, déjalo o déjala."—Meybel, 19

"Cuando miro hacia atrás en mi relación no lo hago con vergüenza sino con orgullo. Estoy orgullosa de mi propio coraje, el cuál me permitió ser más fuerte. Estoy orgullosa de tener la energía de decir no a una relación abusiva. Puedo ver hacia atrás cuando era más joven, a alguien que podrá insistir que ella merece algo mejor que la violencia. Me convertí en alguien que se ama a si misma lo suficiente como para establecerse por nada menos que por felicidad y auto-respeto."—Marge, 18

Advertencia para jovenes abusadas de jovenes abusivos que han cambiado

"Vete y busca a alguien más. Tú no necesitas a alguien que te esté golpeando todo el tiempo."—Paul, 18

"Quiero decirle a las jóvenes que se salgan de esa relación. A no ser que él sea consciente del problema y quiera cambiar, él no va a combiar."—Ruiz, 17

"Llama a la policía."—Barry, 18

"Mantente alejada de él cuando él quiera descargar su coraje contigo. Si él necesita salir fuera de la casa o irse lejos de ti para calmarse, déjalo ir."—Leonardo, 16

"Aprendí que un joven no debería querer tener relaciones sexuales con una joven que no quiera hacerlo. No es normal. Si ella está llorando o rogándole que pare o le tiene miedo y él la hace que lo haga de todas maneras, eso es perverso. Eso es violación. Quiero decirle a las jóvenes que no piensen que eso es normal."—Albert, 17

Qué hacer si has sido abusada:

- Tómalo en serio.
- Dile a tu abusador que la violencia tiene que parar.
- Dile claro que tu no quieres tener relaciones sexuales.
- Planea para tu seguridad.
- Dile a tus padres o a un adulto de confianza.
- Llama a la policía u otras autoridades.
- Llama a las líneas consejeras (hotlines).
- Encuentra un consejero o grupo de apoyo.
- Habla con amigos.
- Haz cosas para ti misma que te hagan sentir fuerte.
- Toma clases de defensa personal.

12

¿Qué puedes hacer si eres tú el abusador?

"Estaba seguro que nunca golpearía a una muchacha, porque mi papá golpeaba a mi mamá. Pero yo sentí que tenía que tener control y lo tenía. Me era difícil confiar en las muchachas. Yo acostumbraba golpear a [mi novia], la golpeaba con el puño, y la cacheteaba. Le decía que no era buena y la llamaba resbalosa. La ahorcaba y la amenazaba con matarla. Ahora estoy trabajando con mis problemas, y estoy en consejería. He aprendido a hablar con [mi novia] y usar un tiempo para calmarme cuando estoy enojado. Ahora puedo ver por lo que ella está pasando."—Pablo, 18

"La maltraté emocionalmente. Diciéndole una cosa y haciendo lo contrario. Controlaba su manera de vestir, su comportamiento y decidía cuáles amistades podía tener. Usé mi pandilla para que la intimidaran y le contaran lo que hacían con sus víctimas, amenazándola con hacerle lo mismo a ella. Ahora pienso en las consecuencias negativas que esa clase de asalto lleva, como la cárcel. Además, pienso en cómo le afectó todo esto a ella."—Ruiz, 17

Si tienes un problema de comportamiento violento, si eres emocionalmente o sexualmente abusivo, debes de encontrar maneras de cambiar tu comportamiento para que no lastimes a alguien a quien quieres. A la larga, te estás lastimando a ti mismo.

Puedes controlar tu coraje, así no lastimarás a nadie.

No importa lo que otra persona haga, tú tienes la opción de actuar de una manera que no sea violenta. Tienes la opción de actuar con respeto para ti mismo y para otros.

Es ilegal hostigar o asaltar a alguien, incluso a alguien con quien tienes una relación. Hay serias consecuencias por hostigar o asaltar sexualmente a alguien. Puedes ser despedido de la escuela, arrestado e incluso ir a la cárcel.

Tú puedes parar la violencia.

¿Cómo puedes dejar de ser violento?

- *Reconoce que tienes un problema*

El primer paso para vencer un problema con la violencia es decírtelo a ti mismo y a otros, "Yo tengo un problema. No quiero ser abusivo." Si tú sientes que quieres controlar tu violencia para que tu novia no te deje, entonces eso es un buen principio.

Pero tienes que quererlo por ti mismo, aunque tu novia te deje o permanezca contigo. Eso es difícil de cambiar. Eso requiere mucho valor. Necesitas una visión de ti mismo en el futuro: calma, seguridad, habilidad para controlarte a ti mismo, aceptándote a ti mismo y no culpando a otros por tus problemas. Necesitas un profundo sentido dentro de ti que te haga saber que puedes ser diferente y que puedes hacer tu vida mejor.

Hazte un propósito a ti mismo: No le pegaré. No la forzaré, ni la obligaré a tener relacionas sexuales. No la atacaré emocionalmente y no la manipularé.

- *Encuentra un consejero o grupo de apoyo*

La consejería puede ayudarte a entender tus problemas y tus sentimientos. La consejería te puede ayudar a aprender cómo manejar tu coraje sin herir a nadie. Puedes aprender acerca del ciclo de violencia y reconocer tus propios patrones de comportamiento. Entonces puedes encontrar las maneras de parar antes de que pierdas el control.

Puedes aprender a tener respeto por tu novia a entender cómo ella se siente cuando la maltratas a ella. Puedes aprender acerca del sexo y el amor saludable.

La consejería puede ayudarte a saber acerca de tus sentimientos y el porqué reaccionas de la manera que lo haces. Si te juntas con un grupo que tiene el mismo problema, puedes aprender como otros tratan con sus relaciones. Puedes agarrar apoyo de otros muchachos a encontrar nuevas maneras para actuar con las muchachas y nuevas maneras de hacerle frente a la frustración, presión y coraje.

- *Únete a un programa de drogas o alcóholicos anónimos*

Si estás abusando de las drogas o del alcohol, no estás tratando tu problema de violencia. Si tu excusa por ser violento es que estabas tomado, entonces tienes que dejar de tomar y tratar directamente con tu violencia. Toma responsabilidad por eso. Cuando estás sobrio o limpio, puedes seriamente decirte a ti mismo: Yo tengo un problema que resolver. Y puedes empezar el proceso de resolver tus problemas en lugar de escaparte de ellos.

- *Edúcate a ti mismo*

Lee acerca de la violencia en las relaciones de noviazgo, acerca de la gente que ha vencido este problema, acerca de cómo esto afecta a las víctimas. Háblale a otros acerca de esto. Mira programas de televisión y películas relacionadas con esto. Aprende lo más que puedas para que entiendas tus experiencias.

Confrontando tu violencia estarás cambiando tu actitud hacia las mujeres en general y hacia las víctimas, y desarrollas respeto por ellas. Esto quiere decir cambiarás tu actitud acerca de la violencia, hasta que creas que la violencia no es aceptable.

Consejos de muchachos abusivos que han cambiado.

"Trata y consigue ayuda. Únete a grupos para personas violentas. Para y piensa antes de que alguna cosa pase que pueda arruinar tu vida y la de alguien más. No niegues tus emociones."—Allen, 18

"Un 'verdadero hombre' respeta y complace a su novia durante el sexo. Un 'hombre de verdad' no quiere forzar o embaucar a su novia para hacerlo. Piensa acerca de esto— ¿Eres tú un hombre de verdad?"—Barry, 18

"Mira lo que le estás haciendo a tu novia y ponte en su lugar. ¿Cómo te gustaría que te hicieran esto a ti?"—Pablo, 18

"Nadie te controla. Tú puedes controlarte a ti mismo. Haces tus propias decisiones. No está bien vengarse." —Raymundo, 18

"Piensa en las consecuencias."—David, 17

"Este es un ciclo que empieza con abuso verbal y se vuelve en abuso físico contra la gente que tú quieres."—Esteban, 20

"Retírate antes de que las cosas se pongan peor. Si tú no puedes hacer éso, deberías de agarrar ayuda. No está bien pegarles a las muchachas."—Gilberto, 17

Qué hacer si eres un abusador:

- Dite a ti mismo, "Yo tengo un problema. Yo soy abusivo."
- Hazte un propósito a ti mismo: "No la violaré y no pegaré."
- Llama a la línea consejera
- Encuentra un consejero o un grupo de apoyo
- Habla con tus padres, amigos u otros adultos acerca de tu problema
- Aprende lo más que puedas acerca de relaciones abusivas
- Ve a Alcohólicos Anónimos o a un programa de drogas
- Respeta a las mujeres
- Respétate a ti mismo: Tú puedes escoger el no ser un abusador

Ejercicio

Usa esta página en blanco para escribir acerca de tus sentimientos o para hacer notas para ti mismo. Piensa acerca de un plan de acción para ti acerca de qué hacer con este problema.

13 / ¿Qué puedes hacer si tu amiga está en una relación abusiva?

"Yo estaba allí y él se enojó. Primero comenzó a gritarle y a insultarla. Entonces la empujó dentro del carro y comenzó a golpearla. Ella estaba asustada y trató de decirle que lo amaba. Me enojé y le grité que parara de hacerle daño, que ella no había hecho nada malo. Mi novio también trató de impedírselo. El puso su mano en su brazo y le dijo que se calmara, que esa no era la forma de tratar a una novia. Más tarde, nosotros hablamos con ella, y le dijimos que él no tenía el derecho de golpearla."—Mercedes, 19

"Al principio traté de decirle que se fuera pero él no quiso oir nada. No sabía que hacer. Yo estaba ahí solo por él."
—Roy, 18

"Mi amiga llegó corriendo hacia mí para ayudarme. Si no hubiera sido por ella, yo ya estuviera muerta. El estaba tratando de asfixiarme. . . . Mi amiga me llevó a la escuela — y dijo que si yo no ponía cargos en contra de él ella lo haría."—Salina, 13

Si tienes una amiga que es víctima de una relación violenta, ¿qué puedes hacer tú?

- *Ayudar a tu amiga a reconocer el abuso*
  Hacer preguntas y hablar acerca de qué es lo que está pasando con ella. Ayudar a tu amiga a reconocer que lo

que está pasando no es normal y mirar las señales de abuso. Decirle a ella que eso probablemente empeorará.

- *Apoya la fortaleza de tu amiga*
  Reconoce las cosas que tu amiga hace para cuidarse de ella misma. Estimula las fuerzas y la valentía de tu amiga. Anima a tu amiga a que haga cosas contigo y con otros amigos, a tener algunas diversiones aparte de su relación.

- *No juzgues*
  Trata de ver que tu amiga está confundida porque ella está asustada por la violencia, pero quiere el amor o seguridad de parte de su novio. Si tu amiga quiere quedarse en la relación o va o viene en la relación, trata de no decirle que está equivocada. Dile que tú estás preocupada por su seguridad y respeto propio. Ayúdale a tu amiga a ver que ella no es culpable por la violencia. Ayúdale a reconocer las excusas del abusador por ser violento (por lo cual culpa a la víctima).

- *Ayúdale a tu amiga con un plan de seguridad*
  Ayúdale a enfocarse en la seguridad. Ayúdale a usar lo que saben acerca de los recursos y de los comportamientos del abusador, a darse cuenta para poder estar segura cuando el abusador es explosivo o violento, verbalmente o sexualmente abusivo. Por ejemplo, si tu amiga es una muchacha y está siendo abusada o acosada por su novio, camina con ella hacia la escuela o quédate con ella en su casa cuando él la haya amenazado.

- *Quédate y escúchala*
  Aúnque tu amiga haya roto la relación con su abusador y vaya a regresar, escúchala. Apóyala en su

decición. Finalmente tu amiga lo dejará, especialmente con el apoyo de las amistades.

• *Si tu amiga rompe la relación con el abusador, apóyala siempre*
Curarse de una relación violenta no es algo rápido. Mántente siempre en contacto cercano durante el tiempo en el que ella se sienta sola, con miedo o mal de ella misma. Tu amiga tal vez quiera regresar con él. Ella puede extrañar el novio, o puede no sentírselo suficientemente fuerte para oponerse a la presión de estar juntos.

• *Ayúdale a tu amiga a que hable con los adultos para que reciba ayuda*
Habla con tu amiga a que hable con sus padres u otras personas adultas. Ve con ella a ver a un consejero o que se inscriba en un grupo de apoyo. Si ella no habla con una persona adulta, entonces *tú tendrás que encontrar a una persona adulta en la que tú confíes para hablar* acerca de esto. Pregúntale a tus padres o a un consejero de una escuela o una enfermera. Pide ayuda a una persona adulta de afuera para que intervenga. Habla con los padres de tu amiga acerca de lo que le está pasando. No supongas que los padres de tu amiga saben lo de el abuso.

• *Si tienes miedo o te sientes frustrada, recibe ayuda de tus amistades, miembros de la familia y otras personas adultas*
Edúcate acerca de las relaciones violentas. *Tú no puedes rescatar a tu amiga.* No puedes descuidar tu propia vida por cuidarla a ella. Pero con apoyo para ti misma, tú puedes tranquilamente estar ahí y apoyar a tu amiga en su altibajos tratando con la violencia en su vidas.

14 / Puedes tener una relación saludable

"Después de romper mi relación con Andrés . . . (gradual-
mente) me sentí más relajada, y ya no me daba miedo decirle
a nadie lo que yo quería. [Mi nuevo novio] me abraza
cuando me siento mal, y me deja llorar. Nunca hace cosas
que me hagan sentirme mal y mucho menos intenta
golpearme. Nosotros podemos discutir sin lastimarnos. El
es muy paciente."—Anónimo, 14

En relaciones saludables, los jóvenes y las jóvenes
toman las decisiones consideradas juntos y se comunican
entre sí. Cuando ellos no están de acuerdo, alegan y
discuten sus diferencias. Escuchan los puntos de vista y
sentimientos del uno hacia el otro. Cuando tienen un
conflicto, ellos lo negocian. Encuentran la forma de llegar
a un acuerdo para que los dos puedan tener lo que
necesitan. Cuando uno de ellos se enoja o pierde el control de su temperamento, se calman para no lastimarse
ellos mismos o lastimar a alguien más. Por ejemplo, Linda
dice:

"Me sentí tan mal cuando Juan insistió en que yo fuera a
su casa para la Navidad. Nosotros estabámos enojados. Yo
quería estar con él, pero también quería estar con mi fa-
milia. Hablamos y finalmente lo arreglamos juntos.
Disfrutamos de la Noche Buena con mi familia y el día de
la Navidad con su familia."

Si uno se siente lastimado por el otro, ellos pueden hablar acerca de eso. Pueden pedir disculpas sin sentirse humillados o con miedo. Si uno de ellos siente que quiere tener tiempo para él o ella solo(a) o quiere hacer cosas separadamente, su novio o novia puede aceptarlo. Tomás dijo:

> *"Después de la escuela o algunas veces cuando pierdo el control de mi temperamento, lo único que quiero es ver la televisión solo, tú sabes, para relajarme. En los días cuando llego a la casa de la escuela con Judy, yo tengo que explicar, 'Te veo al rato.' Usualmente, ella quiere estar conmigo después de la escuela, pero lo entiende. Es mejor que nos veamos después. No nos ponemos celosos, ni nada por el estilo."*

Si uno de los dos se acerca al otro para tener relaciones sexuales y el otro no quiere, ellos hablan acerca de éso y no siguen o ellos pueden hablar acerca de esto y cambiar lo que estaban haciendo, así los dos se sentirán a gusto. Los dos se sienten libres de parar en cualquier tiempo durante el momento de las relaciones sexuales. José dijo:

> *"Cuando mi novia empezó a llorar y me dijo que simplemente no podía hacerme el sexo oral, la abracé y le dije que no teníamos que hacerlo, a menos que ella también lo quisiera hacer."*

Ellos confían en que su pareja lo entenderá. Tienen cuidado en discutir cómo protegerse a sí mismos del SIDA y del embarazo. Se sienten cuidados y respetados.

Ellos se divierten juntos y son libres de disfrutar de ellos mismos. No tienen miedo de ser lastimados cruelmente si dicen o hacen algo que a su novio o novia le parezca mal. Valeria dijo:

"Yo no sabía que hacer. Sabía que estaría tarde, pero no podía localizar a Lisa para decirle. Pensaba que ella estaría tan enojada, y tenía miedo por la forma en como mi última novia me atacaba sobre cualquier cosa. Lisa estaba enojada, y preocupada, y me dijo que tan enojada estaba. Pero ella también me escuchó y me creyó cuando le expliqué lo que había pasado. ¡Todo se terminó en un minuto!"

En una relación saludable, no hay campo para el temor. Cada persona confía en la otra. Pueden disfrutar cada uno de sus triunfos en la escuela, de los deportes u otras actividades. Pueden disfrutar que su novia o novio tenga muchos amigos, intereses y sueños para el futuro. Tere dijo:

"Yo le dije a mi novio Jaime, acerca de un muchacho que estaba en mi clase y que trabaja en el mismo lugar donde recién me dieron trabajo. El muchacho me explicó todo acerca del trabajo, así que ahora ya no estoy tan nerviosa. Jaime dijo que tenía suerte de conocer a alguien en mi nuevo trabajo."

Ellos no tratan de controlarse o restringirse el uno al otro. Ellos tratan de no detener a su novia o novio de hacer cosas por causa de sus propios temores. Ellos se animan y se apoyan el uno al otro. Selma dijo:

"¿Tú sabes que es lo que más me gusta de Tony? Que él está en mi equipo. Va a ser difícil para mí el continuar todos los años que me faltan para terminar el colegio. ¡El me echa porras en cada paso del camino! Nosotros hacemos eso el uno por el otro."

Ejercicio

Utiliza esta página en blanco para escribir acerca de tus sentimientos o para tomar notas para ti misma. Escribe acerca de cómo sería estar en una relación saludable.

Recursos

Adolescent Family Life Program
512 S. Indiana Street, 2nd floor
Los Angeles, Ca. 90063
Teléfono (323) 980-4000
Fax (323) 980-4004

AVANCE Human Services, Inc.
East Los Angeles Women's Center
1255 S. Atlantic Blvd
Los Angeles, Ca. 90660
Línea de emergencia (800) 585-6231
ForRaza@aol.com

Break the Cycle
P.O. Box 1797
Santa Monica, Ca. 90406
Teléfono (310) 319-1339

Community Resource Center
650 Second Street
Encinitas, Ca. 92061
Línea de emergencia (619) 633-1111

Family Counseling Services of West San Gabriel Valley
314 E. Mission Rd.
San Gabriel, Ca. 91776
Teléfono (626) 285-2139

Foot Hill Family Services
118 South Oak Knoll Ave.
Pasadena, Ca. 91101
Teléfono (626) 795-6907

Jóvenes en Acción Programa de Prevención y Educación
AltaMed Health Services
5255 E. Pomona Blvd., Suite 11B
Los Angeles, Ca. 90022
Teléfono (323) 890-8767
Fax (323) 890-8766
jovenesla@aol.com

Los Angeles Commission on Assaults Against Women
605 W. Olympic Blvd.
Los Angeles, Ca. 90015
Teléfono (213) 955-9090
Línea de emergencia (213) 626-3393
www.lacaaw.org

Los Angeles Gay & Lesbian Center
1625 N. Schrader Blvd.
Los Angeles, Ca. 90028
Teléfono (323) 993-7400
www.gay-lesbian-center.org

The National Center for the Prevention of Sexual Assault
    & Domestic Violence
Teléfono (206) 634-1903

National Clearing House on Marital and Date Rape
2325 Oak St.
Berkeley, Ca. 94708
Teléfono (510) 524-7770
Fax (510) 524-1582

National Domestic Violence Hotline
3616 Far West Blvd., Suite 101-297
Austin, Tx. 78731-3074
(800) 799-SAFE (7233)
(800) 787-3244 (TDD)
Administrative (512) 453-8117
Fax (512) 453-8541

National Hispanic Community Resources
Línea de emergencia (800) 473-3003

Barrie Levy, M.S.W., es la editora de *Relaciones Violentas Durante el Noviazgo: Mujeres Jóvenes en Peligro* y la co-autora de *Qué Necesitan Saber los Padres Acerca de las Relaciónes Violentas Durante el Noviazgo* y *50 Ways to a Safer World (50 Caminos para un Mundo Seguro) Acciones Diarias que Tú Puedes Tomar para Prevenir la Volencia en Vecindario, Escuelas y Comunidades.* Lleva veinticinco años en el movimiento para prevenir la violencia contra las mujeres. Ella es sicoterapeuta, consultante y entrenadora en la facultad de el departamento de ayuda social y los estudios de las mujeres en la Universidad de California, Los Angeles.

Vivian Marroquín, Imelda Talamantes, Ana Santamaría y
Sandra Henríquez trabajan para el Programa de los
Servicios Latinos en La Comisión de Los Angeles Contra
los Asaltos a las Mujeres (LACAAW). Este programa, que
se enfoca en las personas de habla hispana e inmigrantes
latinos, ha estado en existencia desde 1993. Los Servicios
Latinos incluyen consejería individual, grupos de apoyo,
asesoramientos y acompañamientos a quienes la vida los
ha impactado por el asalto sexual y la violencia doméstica.
También son integrados en los Servicios Latinos los
programas de prevención, intervención y educación. La
meta del programa es asistir a las personas que se
encuentran en crisis así como también proveer una
adaptación cultural y dar un servicio sensitivo para
prevenir cada vez más la violencia. Las voluntarias de
habla hispana han reclutado y entrenado a otras personas
a su vez para proveer estos mismos servicios y ellas han
hecho de este programa un éxito. El Programa de los
Servicios Latinos en LACAAW tiene raíces desarrolladas
en un liderazgo. Este se esfuerza en regresar el poder a las
personas cuyas necesidades lo aclaman a travéz de los
servicios a la comunidad, educando, entrenando a
voluntarias y dando oportunidades al personal de
LACAAW.

Selected Titles from Seal Press

Mejor Sola Que Mal Acompañada: For the Latina in an Abusive Relationship/ Para la Mujer Golpeada by Myrna M. Zambrano. $12.95, 0-931188-26-1.

¡No Más! Guía Para la Mujer Golpeada by Myrna M. Zambrano. $6.95, 1-878067-50-8.

In Love and In Danger: A Teen's Guide to Breaking Free of Abusive Relationships by Barrie Levy, M.S.W. $10.95, 1-58005-002-6.

Dating Violence: Young Women in Danger edited by Barrie Levy, M.S.W. $18.95, 1-58005-001-8.

What Parents Need to Know About Dating Violence by Barrie Levy, M.S.W., and Patricia Occhiuzzo Giggans. $12.95, 1-878067-47-8.

Chain Chain Change: For Black Women in Abusive Relationships by Evelyn C. White. $8.95, 1-878067-60-5.

New Beginnings: A Creative Writing Guide for Women Who Have Left Abusive Partners by Sharon Doane. $10.95, 1-878067-78-8.

Getting Free: You Can End Abuse and Take Back Your Life by Ginny NiCarthy, M.S.W. $12.95, 1-878067-92-3.

You Can Be Free: An Easy-to-Read Handbook for Abused Women by Ginny NiCarthy, M.S.W. and Sue Davidson. $10.95, 1-878067-06-0.

Talking It Out: A Guide to Groups for Abused Women by Ginny NiCarthy, M.S.W., Karen Merriam and Sandra Coffman. $12.95, 0-931188-24-5.

Mommy and Daddy Are Fighting by Susan Paris. $8.95, 0-931188-33-4.

A Woman Like You: The Face of Domestic Violence by Vera Anderson. $16.00, 1-878067-07-9.

Seal Press publishes many books of fiction and nonfiction by women writers. If you are unable to obtain a Seal Press title from a bookstore or would like a free catalog of our books, please order from us directly by calling 1-800-754-0271. Visit our website at www.sealpress.com.

Información para ordenar

Individuales: Usted puede ordenar directamente de nosotros llamando a nuestra línea directa gratis, 1-800-754-0271.

Organizaciones no Lucrativas y Refugios para Mujeres: Favor de llamar a nuestros servicios de clientes al número mencionado anteriormente para información acerca de nuestros descuentos.

Seal Press
3131 Western Av. Suite 410
Seattle, Washington 98121
telef. (206) 283-7844
Fax (206) 285-9410
Email: sealpress@sealpress.com
Visitar nuestra pájina de internet en www.sealpress.com